BABOLIN

OPÉRA-COMIQUE EN TROIS ACTES

PAR MM.

PAUL FERRIER & JULES PRÉVEL

MUSIQUE DE M.

LOUIS VARNEY

PARIS

TRESSE, ÉDITEUR

GALERIE DU THÉATRE-FRANÇAIS, PALAIS-ROYAL

—

1884

BABOLIN

OPÉRA-COMIQUE EN TROIS ACTES

Représenté pour la première fois, à Paris, sur le théâtre des Nouveautés,
le 19 mars 1884.

— DIRECTION BRASSEUR —

TRESSE, libraire-éditeur, Paris

DES MÊMES AUTEURS :

FANFAN LA TULIPE, opéra-comique en 3 actes.
LES MOUSQUETAIRES AU COUVENT, opéra-comique en 3 actes.

PAUL FERRIER.

AU GRAND COL, comédie en un acte.
LA CHASTE SUZANNE, comédie-vaudeville en 2 actes.
LE CODICILLE, comédie en un acte.
LES COMPENSATIONS, comédie en trois actes, en vers.
DUCANOIS, monologue en vers.
LA FEMME DE CHAMBRE, comédie en 3 actes.
LA FLAMBOYANTE, comédie en 3 actes, en collaboration avec
    MM. Félix Cohen et Albin Valabrègue.
L'HEURE DU PATISSIER, comédie en un acte.
LES ILOTES DE PITHIVIERS, comédie en 3 actes.
MADAME EST JALOUSE, comédie en un acte.
LA MAROUAINE, opéra-bouffe en 3 actes.
NOS DÉPUTÉS EN ROBES DE CHAMBRE, comédie en 4 actes.
PARIS SANS COCHERS, à-propos en un acte.
LE PARISIEN, pièce en 3 actes, en collaboration avec
    MM. Vast-Ricouard.
LA PERRUQUE MERVEILLEUSE, comédie en 3 actes.
LA PETITE MUETTE, opéra-comique en 3 actes.
LA RUE BOULEAU, comédie en 3 actes, en collaboration avec
    MM. Vast-Ricouard.
LA VIE FACILE, comédie en 3 actes, en collaboration avec
    M. Albéric Second.

JULES PRÉVEL.

LE CONSOLATEUR, comédie en 1 acte, en collaboration avec
    M. Erny.
MAM'ZELLE RÉSÉDA, opérette en 1 acte.

IMPRIMERIE GÉNÉRALE DE CHATILLON-SUR-SEINE. A. PICHAT

BABOLIN

OPÉRA-COMIQUE EN TROIS ACTES

PAR MM.

PAUL FERRIER & JULES PRÉVEL

MUSIQUE DE M.

LOUIS VARNEY

PARIS
TRESSE ÉDITEUR
8, 9, 10, 11, GALERIE DU THÉATRE-FRANÇAIS
PALAIS - ROYAL

—

1884

PERSONNAGES

KARAMATOFF.	MM.	Berthelier.
LORENZO		Morlet.
MÉLISSEN		Albert Brasseur.
BOB		Blanche.
UN SERGENT		Lauret.
ELVÉRINE	Mmes	Vaillant-Couturier.
LA PRINCESSE MIRANE		Juliette Darcourt.
BAGATELLA.		Mily-Meyer.
UN OFFICIER		Ducouret.
Mlle KOBALT.		Varennes.

SOLDATS, GARDES, COURTISANS, PAYSANS, DAMES D'HONNEUR, PAYSANNES.

Musique et mise en scène, chez MM. Choudens, éditeurs, rue saint-Honoré, 265.

BABOLIN

ACTE PREMIER

L'intérieur de l'auberge de Mélissen. — A droite, premier plan, la chambre à
coucher de Mélissen. — Deuxième porte à droite, deuxième plan. — A gauche,
portes aux premier et deuxième plans. — Le fond de la salle est vitré et laisse
voir un site de montagnes. — La salle est ornée de fleurs, de guirlandes et
de rubans. — Au fond, au milieu, la porte d'entrée, s'ouvrant en dedans.

SCÈNE PREMIÈRE

MÉLISSEN, ELVÉRINE, PARENTS, AMIS.

Ils sont assis à diverses tables, les mariés à celle du milieu.
— Le repas est près de finir.

INTRODUCTION ET COUPLETS.

CHŒUR.

Vivent, vivent les mariés!
Trinquons à la bonne franquette,
Et le verre en main faisons fête
Aux vins exquis et variés!

ELVÉRINE.

Encore une part de galette,
Mam'zell' Kobalt!

1

MADEMOISELLE KOBALT.
>   Bien volontiers!

LE CHŒUR.
>   Encor! encor!

MÉLISSEN.

C'est mon triomphe et grâce à sa recette,
Notre fortune avant peu sera faite
>   A l'auberge du : « *Faisan d'or!* »

REPRISE DU CHŒUR.

Vivent! vivent les mariés!...
>   Etc.

MADEMOISELLE KOBALT.

Mais au dessert, l'usage veut qu'on chante.

ELVÉRINE.

Adressez-vous à mon mari.

MÉLISSEN.
>   Méchante!
Je ne sais pas d'abord, et j'ai secondement
>   Une paille en mon diamant!
>   Mais toi, chante!

LE CHŒUR.
>   Oui, chante, Elvérine!

ELVÉRINE.

Quoi donc? J'ai dit cent fois tout ce que je savais.

MÉLISSEN.

Bah! les plus vieux refrains sont-ils les plus mauvais?
>   Dis la chanson de Barberine!

LE CHŒUR.

Aussi bien le ciel obscurci
Et l'orage, qui déjà gronde,
Vont disperser tout notre monde
Empressé de sortir d'ici!

TOUS.

Vite! la dernière ronde,
La chanson de l'étrier!

ELVÉRINE.

Je ne me fais pas prier :

I

— Où cours-tu de la sorte,
Belle, par ce sentier?
— Beau cavalier, je porte,
Au bourg ici près mon petit panier.
— Veux-tu pas me permettre
D'accompagner tes pas?
— On nous verrait peut-être,
Et vous le savez, maman ne veut pas!
— Accepte mon bras, un moment,
Nous n'en dirons rien à maman!

LE CHOEUR.

Accepte mon bras un moment,
Nous n'en dirons rien à maman!

ELVÉRINE.

Ce n'est pas bien,
A coup sûr, de ne dire rien,
Mais quoi? vraiment
Faut-il tout dire à sa maman ?

LE CHOEUR, parlé.

Vive la mariée! vive la mariée!

ELVÉRINE.

II

— Laisse que je t'embrasse,
Et sans te récrier!
— Non, finissez de grâce,
Car ce baiser-là serait le premier!
— Laisse que je te presse
Tendrement dans mes bras!
— Je crains tant de tendresse
Et vous le savez, maman ne veut pas!
— Un seul baiser, tout doucement,
Nous n'en dirons rien à maman!

LE CHOEUR.

Un seul baiser, tout doucement,
Nous n'en dirons rien à maman!

4 BABOLIN

ELVÉRINE.

Ce n'est pas bien,
A coup sûr, de ne dire rien,
Mais quoi, vraiment
Faut-il tout dire à sa maman?

Orage au dehors.

LE CHOEUR.

Mais écoutez, dans la montagne,
L'orage éclate furieux;
L'éclair, que la foudre accompagne,
Déchire la voûte des cieux!

ELVÉRINE.

L'orage gronde, allons, presto!
Votre manteau!
Partez presto!
Il pleut,
Adieu!
Sous l'orage,
Qui fait rage,
Tout est noir!
Bon courage!.
· Au revoir!

ELVÉRINE.

Sans qu'on lanterne,
Prenez presto
Votre lanterne,
Votre manteau!
Il pleut,
Adieu!
Sous l'orage,
Qui fait rage,
Tout est noir!
Bon courage!
Au revoir!

Sortie générale.

LE CHOEUR, au dehors.

Ce n'est pas bien,
A coup sûr, de ne dire rien;
Mais quoi, vraiment,
Faut-il tout dire à sa maman?

SCÈNE II

MÉLISSEN, ELVÉRINE.

MÉLISSEN.

Ouf!... Nous voilà seuls!

ELVÉRINE.

Tout seuls!

MÉLISSEN.

Mari et femme!...

ELVÉRINE.

Depuis ce matin!

MÉLISSEN.

Et il est dix heures du soir... Ne perdons pas notre temps!

ELVÉRINE, minaudant.

Oh! mon ami!

MÉLISSEN.

Mettons un peu d'ordre ici!... range la vaisselle... serre l'argenterie!

ELVÉRINE.

Oh! il est si tard! Est-ce qu'on ne pourrait pas remettre à demain?

MÉLISSEN.

Remettre à demain? Non! non! c'est dès le commencement du ménage qu'il faut prendre les bonnes habitudes!

ELVÉRINE.

Il me semble cependant...

MÉLISSEN.

Ah! voilà!... voilà ce que c'est que d'avoir fait d'une

humble servante la patronne de mon établissement! Mademoiselle ne 'raisonnait pas, madame regimbe!... Serre l'argenterie... « L'ordre, disait ma tante, l'ordre est la mère de la fortune. »

ELVÉRINE.

Et vous ne pensez qu'à faire fortune.

MÉLISSEN.

Mais... je suis en chemin! mes petits talents de cuisinier ont achalandé mon auberge.

ELVÉRINE.

Vos petits talents, et mes galettes!... mes fameuses galettes, dont je vous ai rapporté la recette de chez mon oncle, le plus grand pâtissier de Ramseck.

MÉLISSEN.

Ça, c'est vrai!... Aussi, t'ai-je épousée, Elvérine, par reconnaissance... et aussi parce que, quand l'aubergiste est jolie, le voyageur la regarde... avec plaisir... et alors...

ELVÉRINE.

Et alors?

MÉLISSEN.

Il est moins regardant à la note!... Bref, ma cuisine, ta galette, ton joli minois, mon enseigne qui a bon renom, tout ça c'est des gages de succès... et avec l'aide de Babolin...

ELVÉRINE.

Le diable?

MÉLISSEN.

Le diable! oui!... mais un bon diable... qui a toujours été la providence du pays!

ELVÉRINE.

Ah çà! grand garçon comme vous l'êtes, vous croyez encore au diable?

MÉLISSEN.

Tiens! si on n'y croyait pas, il y a des cas où l'on ne

saurait à qui envoyer sa femme! Mais tu n'as donc pas
entendu ce que racontait le père Tirbott?

ELVÉRINE.

C'est vrai qu'il a vu Babolin, lui!

MÉLISSEN.

Le soir de ses noces... et ça lui a porté chance, crois-tu?
C'est à cette heure le plus gros fermier du pays!

ELVÉRINE.

Alors, ça vous manque de n'avoir pas vu Babolin?

MÉLISSEN.

Eh!... on ne sait pas!... Je serais plus sûr de ma prospérité à venir! Un diable qui jouit d'une si bonne réputation... Ah! mon Dieu!

ELVÉRINE.

Quoi?

MÉLISSEN.

La salière... la salière qui est renversée! C'est ton vieux
gueux de parrain... Il était gris... le sel aussi... La salière
renversée! Nous voilà bien... moi qui suis superstitieux!

ELVÉRINE.

C'est vrai qu'une salière renversée... un soir de noces
surtout!

COUPLETS

ELVÉRINE.

I

C'est un présage désastreux
Quand la salière est renversée,
Et la peur d'être malheureux
S'offre aussitôt à la pensée!
Mais des accidents que tu crains
Tu sauras la cause première,
Et si je te fais... des chagrins,
Ça s'ra la faute à la salière!

II

Ça sera sa faute toujours,
Quoi que l'avenir nous ménage,
Galants rôdant aux alentours,
Et dissentiments de ménage !
Même, si dans cinq ou six ans,
Dans notre auberge hospitalière,
On n'a pas dix à douze enfants,
Ça s'ra la faute à la salière !

MÉLISSEN,

Dix à douze petits Mélissen en six ans... C'est peut-être beaucoup !... Mais là, vrai, je ne serai pas content à moins de la demi-douzaine !

ELVÉRINE.

Ambitieux !...

MÉLISSEN.

Dame !... Le tout est de ne pas perdre son temps !... Et puisque voilà tout serré... rangeons la table !... (Ainsi fait.) Comme tu y vas ! Dix à douze petits Mélissen, en six ans !

ELVÉRINE.

Voulez-vous vous taire !... Je peux aller me reposer maintenant ?

MÉLISSEN.

Te reposer ?... Oui ! oui !... Rentre dans ta chambre nuptiale...

ELVÉRINE.

Eh bien ! et vous ?

MÉLISSEN.

Moi, je te rejoins, le temps de mettre les volets.

ELVÉRINE.

Dépêchez-vous, mon ami !

MÉLISSEN.

Oui !

ELVÉRINE.

Parce que, toute seule, avec ce vilain temps !... Je suis un peu poltronne, moi !... Dépêchez-vous !

MÉLISSEN.

Je me dépêche !...

SCÈNE III

MÉLISSEN, puis LORENZO.

MÉLISSEN.

Elle a dit : dépêchez-vous, mon ami, dépêchez-vous !...
Elles a des impatiences, qui sont pleines de promesses...
de douces promesses!... (Il va pour mettre les volets.) Brrr !
quelle nuit!... quelle satanée nuit!... du vent, des éclairs,
du tonnerre, un temps à ne pas mettre le diable à la
porte.

La porte s'ouvre brusquement, Lorenzo paraît en diable.

DUETTO ET COUPLETS.

LORENZO.

M'y voici !

MÉLISSEN.

Juste ciel !

LORENZO.

Quel effroi !

MÉLISSEN.

Je frissonne !
C'est le diable en personne !

LORENZO, à part.

Le diable?... A mon costume il s'est pris, le poltron !

MÉLISSEN.

Grâce ! monsieur le démon !

LORENZO.

Sois sans crainte, Mélissen !

1.

MÉLISSEN.

Bon !
Voilà déjà qu'il sait mon nom !

LORENZO.

Va ! je ne suis pas un diable effroyable,
Bannis la terreur dont ton cœur est plein !

Il ôte son manteau.

MÉLISSEN.

Qu'ai-je vu ? Babolin !

LORENZO.

Tu l'as dit ; un bon diable !
Ce Babolin !
Bon vivant, serviable,
N'ayant que l'esprit malin,
Il n'est pas meilleur diable
Que Babolin !

I

Babolin, dit la légende,
N'est pas un diable si noir,
Et jamais nul n'appréhende
De l'entendre ou de le voir.
Si tout de rouge il s'attife,
Comme les Anges déchus,
Regarde, il n'a pas de griffe
Au bout de ses doigts crochus !

Bon vivant, serviable,
Etc.

II

Babolin aime la table,
Les vieux vins et les yeux vifs !
Mais il n'est pas redoutable
Aux époux les plus craintifs !
A vivre en fête il se borne,
Sans faire aux autres d'affront ;
Regarde, il n'a pas de corne,
Pas de corne sur le front !

Bon vivant, serviable,
Etc.

MÉLISSEN, respirant.

C'était Babolin !... Suis-je bête d'avoir eu peur !

LORENZO.

Oui! Es-tu bête!

MÉLISSEN.

Parce que je vous connaissais de réputation! Et tenez, justement, ce soir encore, en dinant, le père Tirbott nous parlait de vous!

LORENZO.

Il m'a entendu?

MÉLISSEN.

Oui, oui... entendu et vu... le soir de ses noces... il y a quarante-sept ans... et tout lui a réussi! Ah! pour un diable, vous êtes bien noté chez nous.

LORENZO.

Pour un diable?... (A part.) Il y tient : on abusera de sa crédulité.

MÉLISSEN.

Dites donc, vous me protègerez aussi, seigneur Babolin?

LORENZO.

Comment donc!... Je ne viens que pour ça... Mais prends cette bourse, d'abord.

MÉLISSEN.

C'est de l'or?

LORENZO.

Dès maintenant, tu es à moi.

MÉLISSEN.

Avec reconnaissance! Que dois-je faire pour vous être agréable?

LORENZO.

Allume ta lanterne et va, sur la route, me chercher mon domestique Bob, qui me suit de loin avec ma valise.

MÉLISSEN.

La valise du diable !... Ça doit être rempli de sortilèges et de talismans.

LORENZO.

Dame !... C'est le bagage ordinaire des démons. Va !

MÉLISSEN.

Tout de suite?

LORENZO.

Sans doute.

MÉLISSEN.

C'est que, vous ne savez peut-être pas, je viens de me marier!

LORENZO.

Mais si, je sais, les diables savent tout ! Monsieur Mélissen a épousé la belle Elvérine! J'ai visité quelquefois ton auberge.

MÉLISSEN.

Je ne vous ai jamais vu.

LORENZO.

C'était en ton absence.

MÉLISSEN.

C'est donc ça le secret de ma prospérité!... Vous continuerez, seigneur Babolin, à me visiter en mon absence?

LORENZO.

Compte sur moi!

MÉLISSEN.

Je voudrais gagner beaucoup d'argent!

LORENZO.

Je t'y aiderai.

MÉLISSEN.

Je voudrais acheter le petit lopin de terre qui borde la route !

LORENZO.

Tu l'achèteras...

MÉLISSEN.

Enfin, je voudrais cinq ou six petits Mélissen!

LORENZO.

J'en fais mon affaire.

MÉLISSEN.

Ah! bon diable! honnête diable! vénérable diable!

LORENZO.

Va! va!

MÉLISSEN.

Vous ne pouvez pas attendre au petit jour?

LORENZO.

Non!

MÉLISSEN.

C'est que moi, ça me coûte d'attendre!

LORENZO.

Gourmand!

MÉLISSEN.

Ecoutez donc, ma femme est si jolie!

LORENZO.

Si elle est jolie!...

MÉLISSEN.

Vous la connaissez?

LORENZO.

Le diable connait toutes les femmes, les jolies surtout...
Et Elvérine...

RONDEAU.

Elle est charmante, elle est charmante,
Et, sur l'honneur,
Ceci vaut qu'on te complimente
De ton bonheur!
A toi, coquin, ce fin sourire
Et ces beaux yeux
Etincelants, où l'on voit luire
L'azur des cieux!
A toi sa blonde chevelure
Au flot vermeil,

Plus doré que la moisson mûre
                    Sous le soleil!
A toi cette lèvre vermeille,
                    Où le baiser,
Ainsi que sur les fleurs l'abeille,
                    Va se poser!
A toi ses charmes de sirène,
                    Sa douce voix,
Sa taille qu'on prendrait sans peine
                    Entre dix doigts!
Et son épaule et son corsage,
                    Qui, s'il ne ment,
A travers la guimpe, présage
                    Tant d'agrément!
A toi sa démarche modeste,
                    Ses mains, ses bras,
Ses petits pieds... et tout le reste
                    Qu'on ne voit pas!
Elle est charmante, elle est charmante,
                    Oui, sur l'honneur,
Permets que je te complimente
                    De ton bonheur!

MÉLISSEN, à part.

Il la connaît mieux que moi!... (Haut.) Alors vous ne pouvez toujours pas attendre?...

LORENZO.

Au petit jour?... Non... va!

MÉLISSEN.

Je vais!... sans prévenir ma femme?

LORENZO.

Sans la prévenir!

MÉLISSEN.

Mais si pourtant?...

LORENZO.

Ah! va!... ou je t'emporte.

MÉLISSEN.

Non!... ne m'emportez pas!

Il sort effrayé avec sa lanterne.

SCÈNE IV

LORENZO, puis ELVÉRINE.

LORENZO.

Eh bien !... mais c'est ma bonne étoile qui m'a conduit
ici... aussi bien que le souvenir d'Elvérine !... Et grâce à
ce costume, que je n'ai pas eu le temps de quitter, dans
la précipitation de ma fuite, me voilà assuré du meilleur
accueil !... Ah! c'est que le général Karamatoff ne plaisante
guère, et lorsqu'en sortant de scène, j'ai vu les coulisses
du théâtre pleines de ses soldats... On vient... Serait-ce
Elvérine?...

Il éteint les flambeaux.

ELVÉRINE, en costume de nuit.

Monsieur Mélissen! Monsieur Mélissen !...

LORENZO.

C'est bien elle!

ELVÉRINE.

Je vous attends!... Où êtes-vous? Que faites-vous?...
Pourquoi êtes-vous dans l'obscurité?

LORENZO, à part.

Voyons, voyons! Le diable me tente!... Si jusqu'au retour du marié... je faisais patienter la mariée?

ELVÉRINE.

Vous ne répondez pas?

LORENZO, déguisant sa voix.

Si! si! Je suis là! je pense à vous!... et je suis dans
l'obscurité, parce que... au moment où je fermais les volets, le vent a éteint ma lanterne!...

ELVÉRINE.

Raison de plus pour venir me retrouver dans la chambre où je me morfondais!

LORENZO, à part.

Elle se morfondait!... Pauvre petite chatte!...

ELVÉRINE.

Écoutez donc!... L'orage! les éclairs! la pluie!... Je suis nerveuse, moi... et votre peu d'empressement est impardonnable.

LORENZO.

Mon peu d'empressement est impardonnable!

ELVÉRINE.

Si c'est ça le mariage?...

LORENZO.

Non... ça n'est pas ça... c'est autre chose... autre chose de mieux! mais rassurez-vous!...

ELVÉRINE.

Rassurez-vous?... Vous êtes fâché, que vous ne me tu-toyez plus?

LORENZO.

Fâché... non!... (A part.) Il paraît que Mélissen avait commencé... continuons alors! (Haut.) Fâché?... Et de quoi serais-je fâché, ma chère Elvérine?

ELVÉRINE.

Je ne sais pas, moi.

LORENZO.

N'es-tu pas douce autant que jolie... et sage...

ELVÉRINE.

Sage!... Je m'en vante! Et jamais cavalier n'osera dire qu'il m'ait seulement embrassée.

LORENZO.

Jamais?

ELVÉRINE.

Jamais!... Et ça n'est pas faute d'avoir essayé : un, sur-tout, qui venait quelquefois en votre absence et qui me pressait... me pressait...

LORENZO.

Voyez-vous le traître!

ELVÉRINE.

Et avec une voix si douce qu'on aurait dit une musique!

LORENZO, à part.

Elle a du goût, cette petite!

ELVÉRINE.

Malgré ça, j'ai résisté!

LORENZO, à part.

C'est vrai!

ELVÉRINE.

Et il ne m'a pas pris le plus petit baiser!

LORENZO, à part.

Menteuse!

ELVÉRINE.

Ah! s'il avait été à votre place, ce soir?...

LORENZO, à part.

Il y est!

ELVÉRINE.

Il ne m'aurait pas fait attendre comme vous.

LORENZO, à part.

Non! (Haut.) Pardonne-moi, pardonne-moi! Et pour réparer le temps perdu...

Il l'embrasse.

ELVÉRINE.

Ah!

LORENZO.

C'est mon droit, et j'en use... j'en abuse... adorable petite femme!

ELVÉRINE.

Laissez-moi, j'ai peur!

LORENZO.

Peur de quoi?

ELVÉRINE.

Mais... je ne sais... de l'obscurité sans doute!

LORENZO.

Et moi j'ai peur de la lumière!

ELVÉRINE.

Vous voulez rire?

LORENZO.

Non... c'est vrai... Je suis timide, c'est bête, mais c'est comme ça, et je sens que, s'il faisait clair, ici... je ne pourrais plus, ma chère Elvérine, je n'oserais plus te dire... tout ce que j'ai à te dire!

DUETTO.

LORENZO.

Demeurons sans lumière,
L'amour aime l'obscurité,
Exauce la prière
De ma timidité!
Oui, je suis timide, Elvérine,
Et j'imagine
Que nous ne pourrions, au grand jour,
Toi, m'écouter, moi, te parler d'amour.

ELVÉRINE.

Vraiment?

LORENZO.

Vraiment! Est-il tant nécessaire
D'y voir clair pour se caresser,
Pour prendre ta main que je serre,
Pour la garder, pour l'embrasser?

ENSEMBLE.

LORENZO.	ELVÉRINE.
Demeurons sans lumière,	Demeurons sans lumière,
L'amour aime l'obscurité,	L'amour aime l'obscurité,
Exauce la prière	Cédons à sa prière
De ma timidité!	Pour sa timidité!

LORENZO.

Mon Elvérine!

ELVÉRINE.

Mon Mélissen!

LORENZO.

Oh! non!

ELVÉRINE.

Non!

LORENZO.

Non, ce nom-là me chagrine,
Ne me donne pas ce nom!

ELVÉRINE.

C'est le vôtre, pourtant.

LORENZO.

Oui! mais je le déplore!

ELVÉRINE.

Comment voulez-vous donc qu'on dise? Mon mar ?..

LORENZO.

C'est encore trop froid pour ce cœur qui t'adore.

ELVÉRINE.

Alors?...

LORENZO.

Appelle-moi ton chéri!

ELVÉRINE.

Mon chéri?
Eh bien! puisqu'il fait sombre,
Et que dans l'ombre,
Vous ne me verrez pas rougir!
Mon chéri!...

LORENZO.

Doux aveu qui comble mon désir!

ELVÉRINE.

Mais si vous redoutez le jour, comme la nuit
Vous enhardit!

ENSEMBLE.

Demeurons sans lumière...
Etc.

*Elvérine troublée tombe dans les bras de Lorenzo. — On entend la voix
de Mélissen, au dehors. — Lorenzo quitte vivement Elvérine et remonte
au fond. — Mélissen, en ouvrant la porte, le cachera avec le battant
d'où il se dégagera pour gagner au dehors, après l'entrée de Mélissen.*

SCÈNE V

MÉLISSEN, ELVÉRINE, LORENZO.

MÉLISSEN, *entrant avec sa lanterne.*

Ah! chien de temps! Et Babolin, où est-il? (Apercevant Elvérine.) Ma femme! Qu'est-ce que tu fais là?

ELVÉRINE.

Mais, mon ami, je...

MÉLISSEN.

La curiosité... la fatale curiosité!... Tu as voulu le
voir!

ELVÉRINE.

Voir qui? voir quoi?

MÉLISSEN.

Rien! Rentre dans ta chambre!

ELVÉRINE.

Ah! quel changement!

MÉLISSEN, à part.

Elle l'aura fait partir.

ELVÉRINE, à part.

C'est parce qu'il a rallumé sa lanterne!

MÉLISSEN.

Mais rentre donc!

ELVÉRINE.

Je rentre, mon ami, je rentre!... (Rentrant.) Oh! mais... il est plus aimable quand il fait nuit.

SCÈNE VI

MÉLISSEN, LORENZO, puis BOB.

MÉLISSEN.

Elle aura fait partir le diable! (Voyant entrer Lorenzo.) Non! Vous revoilà! Je respire.

LORENZO.

Je guettais le retour de mon domestique.

MÉLISSEN.

Il me suit! Vous trouvez sans doute que nous avons été longtemps?

LORENZO.

Pas assez, au contraire!

MÉLISSEN.

Pas assez?

LORENZO.

Pas assez... pour que je te retire ma protection.

MÉLISSEN, rallumant le flambeau.

A la bonne heure!

BOB, entrant avec la valise.

Ah! monsieur Lor...

LORENZO.

Chut!

BOB.

Quel temps!... Aveuglé par la pluie, j'avais roulé dans une fondrière... et sans la lanterne de monsieur...

LORENZO.

C'est bon! Te voilà! je suis tranquille!

MÉLISSEN.

Vous êtes tranquille?... Moi aussi, alors, et je vais...

LORENZO.

Tu vas me préparer une chambre!

MÉLISSEN.

Encore!... Je comptais remplir mes devoirs d'époux...

LORENZO.

Remplis d'abord tes devoirs d'aubergiste!... Une bonne chambre et un bon feu! et vivement!... Sinon...

MÉLISSEN.

Sinon, vous m'empor z !...

LORENZO.

Je fais mieux! J'emporte ta femme!...

MÉLISSEN.

Ah! pas ma femme! (A part.) Un peu exigeant, le seigneur Babolin! Bon diable, mais exigeant!

LORENZO.

Allons! allons!

MÉLISSEN.

J'y vais.

Il sort.

SCÈNE VII

LORENZO, BOB, puis MÉLISSEN.

BOB.

Ah! mon maître! mon bon maître!... Enfin, je vous revois!

LORENZO.

Relève-toi, Bob!

BOB.

Mon cœur est rasséréné! Et vous allez m'apprendre pourquoi vous êtes parti si brusquement, après votre grand air, et quand la salle entière trépignait... car trépignait-elle assez, la salle entière : Lorenzo! Lorenzo! bis! bis!

LORENZO.

Plus bas, malheureux!

BOB, bas.

Lorenzo! bis!

LORENZO.

Tu tiens à savoir?...

BOB.

Tout, maître, tout! Vos confidences rentrent dans nos conventions. C'est l'appoint de mes gages. Vous m'avez promis dix florins par an et de n'avoir pas de secrets pour moi.

LORENZO.

Eh bien! Bob, puisque tu exiges mes confidences...

BOB.

Je les exige respectueusement.

LORENZO.

Te rappelles-tu cette lettre que je reçus hier, au théâtre ?

BOB.

Vous en recevez tant !

LORENZO.

Celle-là me donnait un rendez-vous pour le soir même, après le spectacle.

BOB.

Vous y allâtes ?

LORENZO.

Oui !

BOB.

Et vous fûtes heureux ?

LORENZO.

Je crois que j'aurais pu l'être, si tout à coup une porte ne s'était ouverte avec fracas... « Ciel !... mon mari ! » s'écrie la dame... Je saute par la fenêtre, un rez-de-chaussée très à propos, et qui donnait sur des jardins... je me glisse sous les bosquets, et hasardant un œil à travers les branches, qu'aperçois-je à la fenêtre ?...

BOB.

Le mari, parbleu !

LORENZO.

Oui, mais quel mari ?... Karamatoff !

BOB.

Karamatoff !

LORENZO.

Le farouche Karamatoff !... Juge maintenant de mon effroi, lorsque ce soir, pendant que je chantais mon rôle de Babolin...

BOB.

Dans l'opéra de ce nom...

LORENZO.

Dans l'opéra de ce nom... J'ai vu apparaître sur la scène...

BOB.

Karamatoff et ses soldats! Il venait vous arrêter.

LORENZO.

Evidemment!... Je connaissais cette auberge dans la montagne!... mon costume a fait merveille; l'aubergiste me prend pour le diable! Quant à Karamatoff, il aura perdu ma piste... et demain matin, grâce aux vêtements que tu m'apportes dans ma valise, je pourrai franchir la frontière et échapper à mon ennemi!

MÉLISSEN, entrant.

Allons! bon! en voilà bien d'une autre!

LORENZO.

Qu'y a-t-il, maître Mélissen?

MÉLISSEN.

Il y a toute une escouade de soldats, armés de torches, qui gravissent la montagne, se dirigeant vers mon auberge!

LORENZO.

Des soldats!

BOB, bas.

Karamatoff qui nous aura suivis!...

MÉLISSEN.

Qu'est-ce que tout cela signifie, monsieur le diable?

LORENZO.

Rien dont tu doives t'inquiéter... si toutefois tu m'obéis aveuglément!

MÉLISSEN.

Ordonnez, honnête diable! Je suis à vos ordres.

LORENZO.

Viens alors, et suis-moi!

2

MÉLISSEN.

Mais vous ne croyez pas que tout ça c'est la faute à la
salière?

LORENZO.

Quelle salière?

MÉLISSEN.

La salière renversée !

LORENZO.

Vivement donc! Les voilà!

Ils sortent à gauche.

SCÉNE VIII

KARAMATOFF, Soldats, Un Sergent.

CHŒUR ET RÉCIT.

KARAMATOFF ET SES SOLDATS.

CHŒUR.

Halte, front! arrêtons-nous là!
  Ainsi le veut la consigne
  Et tout soldat s'y résigne,
  Du jour qu'on le racola!
Halte, front! arrêtons-nous là!

KARAMATOFF.

Il faut, écoutez, mes braves,
Comme feraient des limiers,
Inspecter toutes les caves,
Et fouiller tous les greniers!
Qu'à vos regards rien n'échappe,
Examinez avec soin
Toute porte, toute trappe,
Toute cachette et tout coin!

LE CHŒUR.

Halte! front! arrêtons-nous là!...
Etc.

KARAMATOFF.

Pour sévère on me renomme;
Prenez bien garde à vous tous,
Si, dans un quart d'heure, vous
N'avez retrouvé cet homme!

LE CHŒUR.

Cherchons ce maudit homme!

REPRISE DU CHŒUR.

Halte! front! arrêtons nous là,
Etc.

KARAMATOFF, au public, pendant la fin du chœur.

Il y en a un une fois qui est sorti des rangs! Il a profité de ça pour faire le tour du monde! il est resté quinze jours absent, il est rentré quinze jours après, et il a attrapé quinze jours de clou : ça fait un mois! (Aux soldats.) Garde à vos!

LE SERGENT.

Rompez les rangs!

KARAMATOFF.

Est-ce compris?

LE SERGENT.

Supérieurement, mon supérieur.

KARAMATOFF.

La maison cernée, les issues gardées, et feu sur quiconque tenterait de s'échapper!

LE SERGENT.

Quiconque de n'importe quel sexe?

KARAMATOFF.

Mais non, imbécile! c'est un homme que nous cherchons! Ne va pas tirer sur la plus belle moitié du genre humain!

LE SERGENT.

En ce cas, compris, on ne tirera que sur les mâles!

KARAMATOFF.

Pas davantage! Ne tuer Lorenzo! Le blesser même, jamais!

LE SERGENT.

En ce cas, je ne comprends pas!

KARAMATOFF.

C'est pourtant limpide, sergent! La princesse Mirane, ma très capricieuse souveraine, m'a dit : Général, je veux entendre Lorenzo, ce merveilleux chanteur, qui fait battre tous les cœurs et tourner toutes les têtes de Ramseck.

LE SERGENT.

Bon!

KARAMATOFF.

Mais non, pas bon! parce que j'avais autre chose en tête!... je cherchais mon homme, moi!

LE SERGENT.

Bon!

KARAMATOFF.

Mais non! pas bon! Parce que ce n'était pas le même!... Mon homme n'est pas son homme! c'est un inconnu, que j'ai à peine entrevu, sortant de chez moi, par la fenêtre!

LE SERGENT.

Bon! bon!

KARAMATOFF.

Mais non! pas bon! qu'est-ce qu'il a donc avec ses bon! bon?... Parce que l'heure indue et le trouble de la comtesse Karamatoff, ma femme, m'inspirent de sérieuses inquiétudes sur la nature de l'entretien!

LE SERGENT.

Bon!

KARAMATOFF.

Assez! tonnerre de Ramseck! assez! Il est trop bête, cet animal-là!... Et puis, je n'ai pas besoin de lui raconter mes petites affaires de ménage! Je ne vois pas pourquoi je te dirais que je soupçonne Bagatella d'avoir quitté le chemin de la vertu... et Lorenzo d'avoir pris celui de cette auberge?.. Pourquoi l'ordre que ma très capricieuse souveraine m'a donné de lui ramener Lorenzo m'oblige à différer l'heure de ma vengeance... et pourquoi, ne pouvant courir deux lièvres à la fois, je commence par le lièvre qui chante, et que j'ai promis à la princesse de lui ramener, mort ou vif... vif de préférence, puisqu'il s'agit de chanter à sa cour!... Décidément il est trop bête, j'ai bien fait de ne pas l'avoir pris pour confident! (Criant.) Garde à vos! (Mouvement des soldats.) Cernez-moi cette auberge, et malheur à vous si je n'ai pas mon prisonnier dans quarante-cinq secondes!...

Les soldats sortent sur la reprise du chœur. — Le sergent entre dans la chambre d'Elvérine.

SCÈNE IX

KARAMATOFF, puis LE SERGENT, ramenant ELVÉRINE.

KARAMATOFF, comptant les secondes sur sa montre.

Une, deux, trois, quatre, cinq, six!...

Au dehors, un cri d'Elvérine.

ELVÉRINE, entrant.

Laissez-moi, monsieur le soldat! Laissez-moi!

LE SERGENT.

C'est un prisonnier que j'avais fait, mon supérieur... mais à l'inspection, tout semble indiquer que le prisonnier est une prisonnière.

KARAMATOFF.

Et une jolie prisonnière!... Va-t'en!

Le sergent sort.

ELVÉRINE.

Ah! mon Dieu! qu'est-ce qui se passe chez nous?

2.

KARAMATOFF.

Approchez, ma belle enfant.

ELVÉRINE.

Que veut dire tout ce bruit? Que font ici tous ces soldats?

KARAMATOFF.

Ils vous ont effrayée, ma pauvre enfant!... Mais rassurez-vous! Vous êtes en sûreté, vous. Nous cherchons un homme!

ELVÉRINE.

Mon mari, peut-être?

KARAMATOFF.

Ah! vous êtes mariée!... Je félicite l'heureux drôle!... Depuis longtemps?

ELVÉRINE.

Depuis ce matin!

KARAMATOFF.

Sapristi!... nous avons mis les pieds sur une nuit de noces!

ELVÉRINE.

Oh! une singulière nuit de noces, allez!

KARAMATOFF.

Comment cela? Votre mari?...

ELVÉRINE.

Je l'attends encore... et si c'est lui que cherchent vos soldats, je leur serai reconnaissante de me le ramener.

KARAMATOFF.

Ah! bah! Il faudrait la 'force' armée pour décider ce singulier oiseau?... Je le trouve difficile!

ELVÉRINE.

Vous pouvez dire mal appris!

KARAMATOFF.

Disons: mal appris!... car je vous prie de croire, ma jolie enfant, que si c'était moi qui eusse la satisfaction...

Il veut l'embrasser.

ELVÉRINE.

Eh! là! Eh! là! que faites-vous?...

KARAMATOFF.

Mais... je... je vous exprime mon admiration. Tout général que je suis, et qui plus est, chargé par ma très capricieuse souveraine d'une mission délicate, je ne craindrais pas de cueillir en passant...

ELVÉRINE.

Mais laissez-moi donc, général! Je suis mariée!

KARAMATOFF.

Moi aussi... Mais ça n'empêche pas un baiser!...

ELVÉRINE.

Un baiser?

COUPLETS.

I

Un baiser, voulez-vous vous taire,
Et pour qui donc me prenez-vous?
J'entends, monsieur le militaire,
Rester fidèle à mon époux!
J'ai ma sagesse pour cuirasse
Et plus solide qu'on ne croit!
Aussi défense qu'on m'embrasse,
Mon mari seul en a le droit!

II

Mais assez de galanterie!
Je suis prompte à m'effaroucher;
Laissez-moi plutôt, je vous prie,
Rentrer dans ma chambre à coucher!
Là, j'attends mon seigneur et maître,
Dans un trouble que l'heure accroît!
Défense aussi qu'on y pénètre,
Mon mari seul en a le droit.

Elvérine sort

SCÈNE X

KARAMATOFF, puis QUELQUES SOLDATS, BOB, MÉLISSEN,
LORENZO.

KARAMATOFF.

Prude! piquante, mais prude! Tant mieux, après tout!
je me fusse attardé à cette conquête, et j'ai tant d'autres
choses en tête!... Ma tête est comme une marmite! Nous
disions... (Il reprend sa montre). 6, 7, 8...

LE SERGENT, ramenant Mélissen en diable, Lorenzo en domestique, et
Bob en aubergiste.

Général!... Nous les tenons!

KARAMATOFF.

Ah! ah! son costume de Babolin! C'est bien lui!... Son
air distingué! Mon flair accoutumé ne m'avait pas
trompé!... Laissez-nous seuls maintenant.

MÉLISSEN, bas, à Lorenzo.

Vous me jurez, honnête démon?...

LORENZO.

Je te jure qu'il ne t'arrivera rien que d'heureux! mais
discrétion, obéissance, et, quoi que tu voies ou entendes,
ne t'étonne de rien!

MÉLISSEN.

De rien!

KARAMATOFF.

J'ai dit qu'on nous laissât seuls!

LORENZO.

Nous nous retirons, général.

KARAMATOFF.

Un instant! Quel est ce particulier?

MÉLISSEN.

Ça ! c'est Bab...

LORENZO, l'interrompant.

Bob ! pas Bab ! Bob !

MÉLISSEN.

Bob !

BOB.

Bob !

KARAMATOFF.

Bob ! Bab ! Bob ! Ils paraissent troublés !... Qu'on me garde ces deux hommes à vue !

LE SERGENT.

Je les réintègre, général !

Il les renferme dans la chambre à gauche.

MÉLISSEN, à part.

Mais faut-il que ce diable de diable m'inspire assez de confiance !

SCÈNE XI

KARAMATOFF, MÉLISSEN.

KARAMATOFF.

Nous voilà seuls, enfin. (Saluant.) Excellence !...

MÉLISSEN.

Excellence ? qui ça ?

Il regarde autour de lui.

KARAMATOFF.

Je suis charmé de l'occasion qui s'offre à moi de faire votre connaissance.

MÉLISSEN.

De faire ma connaissance ?

KARAMATOFF.

Vous excuserez, j'espère, la précipitation avec laquelle je me suis présenté d'abord.

MÉLISSEN.

La précipitation?

KARAMATOFF.

C'est la faute à ma consigne et à l'intérêt que j'avais de ne pas vous laisser échapper.

MÉLISSEN.

Echapper!... (A part.) Si je comprends un traître mot à toutes ces politesses...

KARAMATOFF.

Permettez que je me présente moi-même... Général, comte Karamatoff, pour vous servir, Excellence !

MÉLISSEN, à part.

Excellence était bien pour moi! (Haut.) A mon tour, général...

KARAMATOFF.

Présentation inutile, mon maître. Votre réputation est telle que je vous connaissais, sans vous connaître!

MÉLISSEN, à part.

Quand je disais que ma cuisine avait une réputation !...

KARAMATOFF.

On ne parle que de vous à la cour de la princesse!

MÉLISSEN, à part.

Ça, c'est le succès de la galette!

KARAMATOFF.

On exalte votre talent !...

MÉLISSEN, à part.

De cuisinier. (Haut.) Je fais de mon mieux.

KARAMATOFF.

Vous excellez dans votre art.

MÉLISSEN.

Je n'y plains pas ma peine.

KARAMATOFF.

Tout ce que vous faites est du goût le plus pur.

MÉLISSEN.

Dame! c'est le goût qu'il faut flatter!

KARAMATOFF.

Et vous avez des notes élevées!...

MÉLISSEN, à part.

Mes notes! (Haut.) Pas trop, je vous assure! Pas trop
élevées!... C'est toujours juste.

KARAMATOFF.

Très juste!

MÉLISSEN.

Et dame, le public, on ne lui en donne que pour son
argent!... Le métier est dur, savez-vous!

KARAMATOFF.

En revanche, quels succès!

MÉLISSEN.

Ça fait plaisir!

KARAMATOFF.

On vous applaudit, on vous acclame, on vous rappelle!

MÉLISSEN.

On me rappelle surtout! Ça n'est pas ma faute, n'est-
ce pas?... Je ne peux pas suffire à tout!... Alors, on m'appelle... je fais attendre... et on me rappelle. Le métier est
dur!

KARAMATOFF.

Mais les femmes, hein? Les femmes. (Jeu de scène. — Ils
se tapent sur le ventre tour à tour; à la deuxième fois Karamatoff arrête le
bras de Mélissen au moment où il frappe.) Ah! je vous y prends. (A
part.) Il est très spirituel, cet animal-là!... (Haut). Avez-
vous dû faire assez de victimes, hein?

MÉLISSEN.

Comme les autres, ni plus ni moins!... Mais maintenant, c'est fini, je suis marié.

KARAMATOFF.

Marié?...

MÉLISSEN.

De ce matin !

KARAMATOFF.

Ah! bah!

MÉLISSEN.

Même que si vous permettez... et bien que je sois sensible à tant de politesse...

KARAMATOFF, à part.

Marié! Que dira la princesse Mirane?

MÉLISSEN.

...Je ne serai pas fâché d'aller retrouver ma femme qui m'attend.

KARAMATOFF.

Je sais! je l'ai vue... Ah! c'est vous le marié?

MÉLISSEN.

C'est moi!... Et si vous avez vu ma femme, vous jugez de mon empressement à l'aller voir.

KARAMATOFF.

Il ne faut pas, mon ami, il ne faut pas!

MÉLISSEN.

Par exemple!

KARAMATOFF.

Je vous emmène.

MÉLISSEN.

Moi?

KARAMATOFF.

De gré ou de force! Mes instructions sont précises...

MÉLISSEN.

Une nuit de noces?

KARAMATOFF.

Il n'y a pas de nuit qui tienne! ordre de la princesse.

MÉLISSEN.

De la princesse!

KARAMATOFF.

Je dois vous présenter à la cour, fallût-il vous enlever! J'ai quelques troupes sous la main!

MÉLISSEN.

Mais ma femme?

KARAMATOFF.

La princesse ignorait que vous fussiez marié.

MÉLISSEN.

Je ne la connaissais pas. Elle ne m'en voudra pas de ne l'avoir pas invitée.

KARAMATOFF.

Espérons-le!

MÉLISSEN.

Eh bien! écoutez, vous êtes très poli, vous!... Vous allez m'arranger ça!... Vous irez retrouver la princesse.

KARAMATOFF.

Avec vous!...

MÉLISSEN.

Ah! non, sans moi.

KARAMATOFF.

Je vous emmènerai.

Lutte comique entre Karamatoff et Mélissen.

KARAMATOFF, après la lutte.

Il est taillé pour la lutte! La princesse sera enchantée! (Haut.) J'ai ordre d'exécuter toutes vos volontés!

3

MÉLISSEN.

Eh bien! ma volonté, c'est d'emmener ma femme.

KARAMATOFF.

On l'emmènera!

MÉLISSEN.

Et aussi mon intendant.

KARAMATOFF.

On l'emmènera!

MÉLISSEN.

Et aussi...

KARAMATOFF.

On l'emmènera!

MÉLISSEN.

Vous ne savez pas qui?...

KARAMATOFF.

Ça ne fait rien; on l'emmènera tout de même!

MÉLISSEN, à part.

Je ne serai pas fâché d'avoir Babolin sous la main, pour me protéger à l'occasion.

KARAMATOFF, remonté au fond.

Est-ce tout?

MÉLISSEN.

Pst! pst!... Dites donc, Karamatoff?... Vous ne savez pas ce que peut me vouloir la princesse?

KARAMATOFF.

Elle désire vous connaître.

MÉLISSEN.

Oui, mais après?

KARAMATOFF.

Vous lui donnerez un échantillon de votre talent.

MÉLISSEN.

Ça, volontiers!

KARAMATOFF.

Et si vous réussissez à la satisfaire..,

MÉLISSEN.

Pensez que je m'appliquerai!

KARAMATOFF.

Alors, mon noble ami!...

MÉLISSEN, à part.

Son noble ami!

KARAMATOFF.

Votre fortune est faite!

MÉLISSEN, de même.

Et voilà ce que c'est que d'avoir vu Babolin!

KARAMATOFF, à la cantonade.

Garde à vos! (En sortant.) Qu'on apprête tout pour le départ!

SCÈNE XII

LES MÊMES, LORENZO, BOB, LE SERGENT,
puis ELVÉRINE, puis LES SOLDATS.

LORENZO, entrant avec Bob, bas à Mélissen.

Eh bien?

MÉLISSEN, bas.

Merci, démon généreux! ma fortune est faite!

ELVÉRINE, rentre rhabillée.

Il fait grand jour, et mon coquin de mari qui n'est pas encore... (Apercevant Mélissen.) Ah!

MÉLISSEN, bas.

Chut! j'ai vu Babolin!

ELVÉRINE.

Le diable?

MÉLISSEN.

Plus bas... et fais comme moi... Ne t'étonne de rien!
On m'emmène, je t'emmène! Ma fortune est faite! Nous
partons...

ELVÉRINE.

Et où allons-nous?

MÉLISSEN.

A la cour de la princesse Mirane, avec le général Karamatoff et mon intendant!

BOB.

Eh! bien, et moi?

LORENZO.

Toi! tu garderas l'auberge!

FINALE.

ELVÉRINE, reconnaissant Lorenzo.

Ah!

MÉLISSEN.

Qu'est-ce donc?

ELVÉRINE.

Vous, ici, monseigneur?

MÉLISSEN.

Quoi! tu connais?

LORENZO.

Sans doute! en ton absence,
Je venais m'assurer, en faisant connaissance,
Si vous méritiez le bonheur
Que vous a promis ma puissance!

ELVÉRINE.

Je n'y comprends rien!

MÉLISSEN.

C'est Babolin !

ELVÉRINE.

Monsieur est Babolin?

LORENZO, bas à Elvérine.

Silence !
Et taisez mon nom par prudence,
Babolin, qui d'ailleurs ne veut que votre bien !

ELVÉRINE, à part.

Mais cette voix et si douce et si tendre,
Cette nuit même il m'a semblé l'entendre,
Quand mon époux était à mes côtés !

LE CHŒUR, au dehors.

Mélissen ! Mélissen !

MÉLISSEN.

Ce sont nos invités !

LE CHŒUR, entrant.

Voici l'aurore et le soleil rayonne,
Vous adressant le bonjour d'un ami !
Heureux époux, la nuit fut-elle bonne?
Monsieur, madame, avez-vous bien dormi?

ELVÉRINE.

Pas trop bien à mon gré !

MÉLISSEN.

Ce n'est pas de ma faute !

LE CHŒUR.

Mais pardieu ! quels habits, notre hôte !
Satin, velours, brocart, or fin !

ELVÉRINE.

Il a vu Babolin !

TOUS.

Il a vu Babolin !

ELVÉRINE.

Il a vu Babolin !

Pour le ménage heureuse chance,
Plaisir, profits, honneur, puissance
Combleront notre destin;
Il a vu Babolin!

LORENZO, bas à Mélissen et à Elvérine.

Si vous voulez que tout vous réussisse,
Il ne faut pas qu'un de vous me trahisse!
Et pour vous seul je serai Babolin!

ELVÉRINE.

Il a vu Babolin,
Etc ..

LE CHŒUR.

Il a vu Babolin
Etc.

KARAMATOFF.

Excellence!

MÉLISSEN.

C'est moi, rêvé-je ou si je veille?

KARAMATOFF.

Votre escorte est prête!

MÉLISSEN.

A merveille!
Elvérine, votre main!

A Lorenzo.

Toi, suis-moi! (Bas.) Merci, Babolin!

LORENZO.

Que veut dire ceci? quelle est cette gageure?
Baste! partons! De l'aventure
L'avenir nous dira la fin!

TOUS.

Ah! quelle chance!
Ah! quel destin!
Il a vu Babolin!
Pour le ménage heureuse chance,
Il a vu Babolin!
Plaisirs, profits, honneur, puissance
Combleront votre destin!
Il a vu Babolin!

ACTE DEUXIÈME

Les jardins du palais de Mirane ; à gauche, posée en diagonale, une tente, dont les rideaux relevés laissent voir un riche intérieur ; à droite, massifs et bosquets.

SCÈNE PREMIÈRE

MIRANE, couchée sur des coussins d'Orient. BAGATELLA, à ses pieds ; des femmes les éventent, d'autres chantent en accompagnant sur des gnzlas.

CHŒUR.

Dormez, maîtresse,
Dormez, princesse,
Et contre les feux du soleil,
Cherchez à l'ombre
De ce bois sombre
Un refuge dans le sommeil !

BAGATELLA.

Doucement !... Mirane repose,
Et sa paupière close
Poursuit le vol léger de quelque songe d'or !

MIRANE.

Moi dormir ? moi dormir ? Hélas ! le puis-je encor ?
Bagatella !

BAGATELLA.

Princesse !

MIRANE.

Où faut-il que je fuie
Cet éternel ennui qui s'acharne après moi?
Rien ne me peut distraire et je ne sais pourquoi
Tout m'ennuie !

AIR.

Car j'ai beau faire,
Pour me distraire,
J'ai vainement tenté tous les moyens,
Mon mal empire
Et je soupire
Après des jours moins tristes que les miens!
Oui, souvent, maudissant la vie
Que me fit un rang glorieux,
Je me désespère et j'envie
Le sort meilleur des malheureux!
Beauté champêtre,
Je voudrais être
Humble glaneuse au temps de la moisson,
Bergère ou même
Fille bohême
Aux quatre vents égrenant ma chanson!
Mais souveraine infortunée,
Il fallait, pour mon châtiment,
Que, sur le trône où je suis née,
Je fisse du gouvernement!
Pauvre princesse,
Il faut sans cesse,
Il faut tenir son rang avec éclat!
Sous l'étiquette
Courber la tête,
Et s'immoler aux choses de l'Etat!
Non, c'est trop triste
Et je résiste !
Plutôt la mort que de si grands chagrins!
Et ma couronne
Que j'abandonne
Vole plutôt par dessus les moulins!

BAGATELLA.

Cette fois, princesse, j'y renonce et avec votre permission, je renvoie vos femmes.

MIRANE.

Oui! je crois qu'un peu de solitude me ferait grand bien.

Le chœur sort sur un signe de Bagatella.

SCÈNE II

MIRANE, BAGATELLA.

BAGATELLA.

Dois-je me retirer aussi?

MIRANE.

Mais non, reste au contraire, reste! Ton affection me soutient, ta gaieté me ranime.

BAGATELLA.

Il est vrai que je suis gaie pour deux!... Car si jamais princesse mélancolique a soupiré sur un trône...

MIRANE.

C'est moi.

BAGATELLA.

Et peut-être tout eût-il changé, si je n'avais échoué dans la mission de confiance dont Votre Altesse m'avait chargée.

MIRANE.

Mais comment tout cela est-il arrivé?

BAGATELLA.

Je croyais vous en avoir fait le récit déjà...

MIRANE.

Plusieurs fois, oui! Il n'importe! Je ne me lasse pas de l'entendre.

3.

BAGATELLA, *récitant.*

Sur vos ordres donc, j'entrai, l'autre soir, à l'Opéra de Ramseck, moins pour entendre ce jeune chanteur dont toutes les têtes raffolent, que pour lui faire tenir un mot, préparé d'avance à son intention. Il chantait tout justement son opéra favori...

MIRANE.

Babolin !

BAGATELLA.

Babolin ! Un livret tiré d'une vieille légende du pays.

MIRANE.

Continue !

BAGATELLA.

Dès le premier entr'acte, je lui envoie mon message, et, sitôt après le spectacle, croyant deviner une bonne fortune, Lorenzo accourt au palais, où je le reçois imprudemment !

MIRANE.

Chère Bagatella !

BAGATELLA.

Ah ! princesse ! quel charmant cavalier ! L'habit de cour ne lui sied pas moins que le costume de Babolin...

MIRANE.

Va ! va ! continue !

BAGATELLA.

A peine les premiers compliments échangés, et comme j'allais détromper Lorenzo sur l'issue .. immédiate de notre rendez-vous nocturne, la porte s'ouvre avec fracas et le comte paraît rugissant...

MIRANE.

Tu pousses un cri !

BAGATELLA.

Ce cri absurde, que nous poussons toutes en pareil cas,

coupables ou innocentes : « Ciel! mon mari! » Mais Lorenzo, moins effrayé que moi, ou plus accoutumé à ces sortes de surprises, avait sauté par la fenêtre et disparu sans que Karamatoff eût seulement entrevu son visage.

MIRANE.

Colère de Karamatoff!

BAGATELLA.

Naturellement! « Le nom de cet homme, madame? »

MIRANE.

Tu pouvais te justifier!

BAGATELLA.

Pas si sotte! Je connais les hommes. L'excès de confiance ne leur vaut rien. Un mari confiant est un mari qui se néglige! La jalousie les stimule, au contraire. Le comte ne dérage plus, mais il obéit... au doigt et à l'œil!... C'est ce qu'il faut dans le militaire : obéissance passive! Seulement il ne se doute pas que le chanteur à la mode, qu'il est allé chercher, ce soir, à la tête d'une colonne, est précisément l'homme dont il me demande inutilement le nom!

MIRANE, se levant.

Elle raconte à ravir!... Et tu dis que c'est un charmant cavalier?

BAGATELLA.

Tout à fait charmant.

DUETTO.

I

MIRANE.

Il a grand air et sa tournure
Ne trahit pas l'aventurier?

BAGATELLA.

À la cour il ferait figure,
Comme le meilleur cavalier!

MIRANE.

Le public en est idolâtre,
Et c'est justice en vérité?

BAGATELLA.

Et c'est justice en vérité,
Car il est charmant au théâtre,
Et même dans l'intimité!

ENSEMBLE.

Charmant au théâtre,
Charmant dans l'intimité!

II

MIRANE.

Il chante à ravir la romance,
Et nul jeu n'égale son jeu?

BAGATELLA.

Il s'exprime avec élégance,
Parfois même avec trop de feu!

MIRANE.

Enfin, s'il n'en faut point rabattre,
Ton avis en sincérité?...

BAGATELLA.

Mon avis en sincérité,
C'est qu'il est charmant au théâtre,
Et surtout dans l'intimité!

ENSEMBLE.

Charmant au théâtre,
Et surtout dans l'intimité!

MIRANE.

Ah! si Karamatoff ne me ramène pas cet admirable
chanteur!...

BAGATELLA.

Il vous le ramènera, Altesse... il vous le ramènera.

SCÈNE III

LES MÊMES, KARAMATOFF.

KARAMATOFF, accourt essoufflé.

Altesse! Altesse!... Bagatella!... Mes hommages! mon respect! ma soumission!

MIRANE.

Seul?... Mon ordre?... Cet homme?...

KARAMATOFF.

Exécuté!

MIRANE.

Le chanteur?

KARAMATOFF.

Non, l'ordre, signé de votre sceau!

MIRANE.

Mais Lorenzo?

KARAMATOFF.

Il s'est fait tirer l'oreille, d'abord!...

MIRANE.

Hein!

KARAMATOFF.

Moralement!... Enfin, il est monté dans le carrosse... Il faut dire que j'avais oublié d'éclairer la lanterne!

BAGATELLA.

La lanterne du carrosse?

KARAMATOFF.

La lanterne du carrosse aussi!... Et à un tournant un peu rapide, patatras!... la voiture, la lanterne, le chanteur!...

MIRANE.

Un accident?

KARAMATOFF.

Brisé!

MIRANE.

Lorenzo?

KARAMATOFF.

Non, le carrosse! C'est là ce qui nous a retardés!...

MIRANE.

C'est bien! Amenez-le moi!

KARAMATOFF.

J'y vais, Altesse! (Fausse sortie.) Ah! un mot encore!

MIRANE.

Dites vite!

KARAMATOFF.

Dois-je l'amener seul, ou avec sa?...

MIRANE.

Sa?...

KARAMATOFF.

Sa camarade!

MIRANE.

Sa camarade?

KARAMATOFF.

Une cantatrice, dont il n'a pas voulu se séparer et qui, je suppose, roucoule avec lui des duos!

MIRANE.

Des duos! des duos!... Je verrai cette femme et malheur à elle si elle renverse mes projets!... Bagatella, appelle mes cameristes... Une camarade?... Des obstacles? Brisés, les obstacles, brisés!...

Elle entre dans la tente où, sur un signe de Bagatella, deux femmes la suivent et la pomponnent pendant ce qui suit.

KARAMATOFF.

Brisés!... Elle pense au carrosse!... (Arrêtant Bagatella prête à entrer chez Mirane.) Comtesse!

Il lui saisit le poignet.

BAGATELLA.

Général!... Ah! vous me faites mal!

KARAMATOFF.

Gant de fer!... Répondez! Le nom de cet homme? (Bagatella hausse les épaules.) Toujours ce silence insultant!... Oh! mais je le retrouverai!

BAGATELLA.

Cherchez!

KARAMATOFF.

Je chercherai, tonnerre de Ramseck! Et quand je devrais, pour le rencontrer, faire le tour du monde...

BAGATELLA.

Vous me quitteriez pour un si long voyage? (Karamatoff étendue.) Je ne peux pas m'y faire!

KARAMATOFF.

Ni moi non plus!... Dis-moi le nom, Bagatella?

BAGATELLA.

Je vous le dirai.

KARAMATOFF.

Quand?

BAGATELLA.

Plus tard!

KARAMATOFF.

Mais...

BAGATELLA.

Mais le service de Son Altesse d'abord! Allez chercher le seigneur Lorenzo!

KARAMATOFF.

J'y vais...

BAGATELLA.

Avec les honneurs dus à son talent!

KARAMATOFF.

Les honneurs militaires!... Garde à vos! (Il remonte au fond, tire son épée et crie.) Présentez armes!...

SCÈNE IV

LES MÊMES, LA COUR, puis KARAMATOFF,
ramenant MÉLISSEN, LORENZO et ELVÉRINE.

CHŒUR.

Honneur et gloire au grand chanteur,
Et que sa voix enchanteresse
Rende à notre chère princesse
Un peu de calme et de bonheur!
Honneur et gloire au grand chanteur!

MIRANE.

A le recevoir je suis prête,
Mais vois, Bagatella, comme le cœur me bat!

BAGATELLA.

Puisse enfin cette heure de fête
Vous distraire un moment des soucis de l'Etat!

REPRISE DU CHŒUR.

Honneur et gloire au grand chanteur,
Etc.

KARAMATOFF, amenant Mélissen, Lorenzo et Elvérine.

A vos pieds j'amène, Altesse,
L'enchanteur demandé!

MÉLISSEN, saluant.

Magnifique princesse,
Recevez mon compliment!

BAGATELLA.

O ciel!

MIRANE.

Eh quoi! c'est là ce cavalier charmant?

ENSEMBLE.

MIRANE.	BAGATELLA.
Ah! sur sa figure	L'étrange aventure!
Comme on s'aveuglait!	Que vois-je et quel est,
Mais quelle tournure,	Méprise ou gageure,
Qu'il me paraît laid!	Cet homme si laid?
LORENZO.	**KARAMATOFF et LE CHŒUR.**
Déplorable augure!	Fatale aventure,
Le rustre déplaît!	L'homme lui déplaît!
Et je me figure	Et la chose est sûre
Qu'il paraît très laid!	Qu'on le trouve laid!
MÉLISSEN.	**ELVÉRINE.**
Leur accueil m'assure	Leur accueil m'assure
Que mon air leur plaît!	Que notre air leur plaît!
Je suis, je le jure,	Sa fortune est sûre,
Votre humble valet!	Mon bonheur complet!

KARAMATOFF.

Ai-je, selon vos vœux, rempli mon ambassade?

ELVÉRINE.

Permettez qu'à mon tour je me présente aussi!

MIRANE.

Quelle est cette autre?

ELVÉRINE.

Moi? je suis...

KARAMATOFF.

Sa camarade!

ELVÉRINE.

...Qui de tant de bontés vous veut dire merci!

RONDEAU.

Ah! madame la princesse,
Excusez mon franc parler,
Mais de tant de politesse
Comment ne pas s'affoler?
Vrai, j'en suis toute saisie,
J'en reste bête et je crois
Rêver, tant je m'extasie
Devant tout ce que je vois!
Quel voyage de duchesse!
Et quel cortège princier
Pour moi, la très humble nièce
D'un très humble pâtissier!
Car de surprise en surprise
Je vais, je saute et je cours,
C'est moi qui me suis assise
Sur des coussins de velours!
C'est moi que traînait en reine
Un carrosse aux flancs dorés,
Avec six chevaux d'ébène
Et trois postillons poudrés !
C'est moi qui, dans la poussière,
Voyais, pour comble d'égards,
Galoper à ma portière
Un escadron de hussards !
C'est moi qui, de ma province,
Soudain arrive à la cour!
C'est moi, c'est moi... je me pince,
Pensant dormir en plein jour!
Ah! madame la princesse,
Excusez mon franc parler,
Mais de tant de politesse
Comment ne pas s'affoler?

MIRANE, parlé.

C'est bon, petite, c'est bon!

MÉLISSEN.

Oui, c'est bon! Tu jacasses trop!

MIRANE.

Oh! jacasse! (A Bagatelle.) Si c'est ainsi qu'il s'exprime
avec élégance...

BAGATELLA.

Je ne comprends pas, princesse... (A part.) Une impru-
dence de moi pourrait perdre Lorenzo!

MIRANE.

Désillusion amère!... Mais s'il paraît gauche et naïf, au
moins chante-t-il?...

BAGATELLA.

Comme un ange!

MIRANE, à Mélissen.

J'ai tant de fois entendu vanter vos talents et célébrer
vos succès, que vous excuserez le caprice qui vous amène
à ma cour!

LORENZO, à part.

Ah! bah!

MÉLISSEN.

Ma petite renommée est venue jusqu'à vous? Ça ne
m'étonne qu'à moitié.

MIRANE.

Dites votre grande renommée, qui m'a donné l'ardent
désir de vous connaître.

LORENZO, à part.

Que signifie?... Ce serait la princesse qui désirait...

MIRANE.

Aussi vous prierai-je, si la fatigue de la route n'y met
pas d'empêchement...

MÉLISSEN.

La fatigue de la route? en carrosse?,... avec des banquettes d'un doux... d'un doux...

ELVÉRINE.

Des banquettes, où l'on était assis comme dans du
beurre... même qu'un moment...

MIRANE.

C'est bon, petite!

MÉLISSEN.

C'est bon... arrête ton moulin!...

MIRANE, à part.

Oh!... ces expressions! (Haut.) Vous voudrez bien me donner un échantillon de votre talent?

MÉLISSEN.

Comment donc! Mais je ne suis pas venu pour autre chose... et vous n'avez qu'à commander votre menu.

MIRANE.

Disons : programme!

MÉLISSEN.

Programme ou menu, c'est la même chose!... Parce que je ne connais pas vos goûts... moi!... Je ne sais pas ce qui flatte votre palais... aimez-vous le doux... ou le fort?

MIRANE.

Je vous laisse le choix. Commençons, si vous voulez, par une mélodie.

MÉLISSEN.

Une mélodie?

MIRANE.

Je vous demande un morceau de chant!...

MÉLISSEN.

De chant? Vous voulez que je chante?

KARAMATOFF.

Oui!... Vous ne comprenez donc pas?

LORENZO.

Mais si! mais si!... Le maître aime se faire prier. (Bas.) Chante, toi, chante donc!

MÉLISSEN, bas.

Moi... je ne sais pas!...

LORENZO, bas.

Tu sais tout, puisque je suis là!

MÉLISSEN, bas.

Au fait, c'est vrai... avec votre protection...

LORENZO, bas.

Ouvre la bouche seulement!

MÉLISSEN.

Ah!

LORENZO.

Est-elle ouverte?... Réponds-moi!

MÉLISSEN.

Je ne puis pas, j'ai la bouche ouverte.

LORENZO, fait un trait.

Ah!...

TOUS.

Bravo! bravo!

MÉLISSEN, très surpris, à demi-voix.

Dites donc, monsieur le diable! Lequel de nous deux
qui a fait cela?...

LORENZO.

C'est toi!

MÉLISSEN.

C'est moi?... (Haut.) Eh bien! vous me croirez si vous
voulez, je fais ça sans effort!

MIRANE.

Vraiment!

MÉLISSEN.

Et sans avoir appris... comme les serins!

MIRANE.

Oh! pourquoi le plumage ressemble-t-il si peu au ra-
mage?

MÉLISSEN.

Si vous voulez autre chose, pendant que j'y suis?...

MIRANE.

Oui, mais pour moi, pour moi seule!

MÉLISSEN.

Seule?

ELVÉRINE, à demi-voix.

Seule?... je te le défends.

MÉLISSEN, bas.

Laisse-moi tranquille!

MIRANE, à Karamatoff.

Faites qu'on nous laisse, général!

KARAMATOFF.

Vous avez entendu?... garde à vos!

Sortie générale.

BAGATELLA, à Lorenzo.

Je suis curieuse de savoir quelle comédie?...

LORENZO, bas, à Bagatella.

Je vous dirai tout. Où vous reverrai-je?...

BAGATELLA.

Ici, tout à l'heure... (Karamatoff s'approche entre eux deux.) Ciel! mon mari!

KARAMATOFF.

Quoi?

BAGATELLA.

Rien!

KARAMATOFF, à part.

Ce valet a parlé bas à la comtesse!... La comtesse s'est troublée!... Ce Lorenzo, son maître, serait-il l'homme que je cherche?

MÉLISSEN, à Elvérine.

Va-t'en!...

ELVÉRINE.

Non! Je ne veux pas te laisser seul avec la princesse !

MÉLISSEN.

Qu'est-ce que c'est que ça : je ne veux pas? Qui est-ce qui porte les culottes ici? Allons, va-t'en !...

ELVÉRINE.

Non! je suis ta femme!... Je me cramponne...

MÉLISSEN.

Déjà?... Laisse donc... je suis assez grand pour me défendre!... Et puis, je garde le diable!

ELVÉRINE.

Peuh! le diable !

LORENZO.

N'ayez crainte, mon enfant, je reste !

ELVÉRINE.

J'aime mieux rester moi-même.

KARAMATOFF.

Vous n'y pensez pas! Quand Mirane commande, tout se courbe !

MIRANE, de la tente.

Sommes-nous seuls, général?

KARAMATOFF.

Et vous l'entendez ?... (Haut.) Oui, Altesse. (A Elvérine.) Venez donc... sa colère serait terrible !

Il l'entraîne.

MÉLISSEN.

Va donc ! (A Lorenzo.) Et vous, ne me quittez pas !

SCÈNE V

MIRANE, LORENZO, MÉLISSEN.

MIRANE.

Vous êtes là, mon ami?

MÉLISSEN.

Son ami... Elle m'appelle son ami !

LORENZO.

Ça te contrarie?

MÉLISSEN.

Non, ça m'émotionne !

MIRANE.

Venez donc près de moi !

MÉLISSEN.

Près d'elle, je n'oserai pas... Voilà !... vous, honnête diable, soufflez-moi !

Il entre sous la tente derrière laquelle reste Lorenzo, en vue du public.

LORENZO.

Oui, et maintenant je vais tout savoir, je pense.

MIRANE.

Vous aimez beaucoup votre art, mon ami?

MÉLISSEN.

Quel art, princesse?... Parce que, à présent, j'en ai deux... je chante et...

Bourrade de Lorenzo.

MIRANE.

Je vous parle musique... vous l'aimez ?

LORENZO, soufflant.

Beaucoup !

MÉLISSEN.

Beaucoup !

MIRANE.

Y a-t-il longtemps que vous chantez?

MÉLISSEN.

Oh! oui! j'ai commencé tout petit...

Bourrade de Lorenzo.

MIRANE.

Je veux dire : en public ?

LORENZO.

Il y a trois ans, princesse...

MÉLISSEN.

A trois ans!... (Se reprenant.) Il y a trois ans, princesse.

MIRANE.

Une séduisante carrière, n'est-ce pas? Car cela doit être enivrant d'interpréter les œuvres des maîtres, aux applaudissements d'une foule enthousiasmée, de faire battre tous les cœurs, de faire éclater tous les hurrahs, de faire applaudir toutes les mains aux accents sortis de vos lèvres !

LORENZO, s'oubliant

Ah! princesse, aucun triomphe vaut-il ce que vous venez de dire là?...

MIRANE.

Mais vous m'avez promis de chanter pour moi !

LORENZO, soufflant.

Et je suis prêt à vous obéir! mais...

MÉLISSEN.

Et je suis prêt à vous obéir! mais...

MIRANE.

Mais ?

LORENZO.

Je suis timide...

4

BABOLIN

MÉLISSEN.

Je suis timide...

MIRANE.

Timide, vous... accoutumé au feu de la rampe ?

LORENZO, soufflant.

Le feu de la rampe m'effraie moins que le feu de votre
regard !

MÉLISSEN.]

Le feu de la rampe m'effraie moins que le feu de votre
cuisine !

LORENZO, soufflant.

Regard, imbécile !

MÉLISSEN.

Regard, imbécile !

MIRANE.

Vous dites ?

MÉLISSEN.

C'est pour moi ! Imbécile est pour moi !

LORENZO.

Et si vous vouliez me promettre de ne pas me regarder...

MIRANE.

Oh ! bien volontiers !... (A part.) L'entendre sans le voir...
c'est tout ce que je souhaiterais.

MÉLISSEN.

Et maintenant ?

LORENZO.

Maintenant, va-t'-en !

MÉLISSEN.

Comment, déjà ? Je devine, esprit malin ! vous allez
prendre ma place.

LORENZO, à lui-même.

C'est-à-dire que je vais reprendre la mienne !

MÉLISSEN.

C'est égal, ça n'allait déjà pas si mal !

Sort Mélissen. Lorenzo entre sous la tente.

SCÈNE VI

LORENZO, MIRANE, puis MÉLISSEN.

DUO.

LORENZO.

Il est bien convenu, princesse,
Que vous ne me regardez pas.

MIRANE.

Ne craignez rien !

A part.
Je sais, hélas !
Qu'à regarder le charme cesse !

LORENZO.

Ainsi donc vous avez, madame,
Voulu connaître le chanteur?...

MIRANE.

Le héros que la ville acclame,
Et de tant de succès le brillant créateur !
Pardonnez-vous à mon caprice?

LORENZO.

Il n'a pour moi rien que de très flatteur,
Et je suis à votre service !
Commençons, voulez-vous?

MIRANE.

J'en suis très désireuse !
Dites-moi, je vous prie, un air de Babolin !

LORENZO.

Lequel ?... le Brindisi, les adieux au moulin,
    Ou la sérénade amoureuse ?

MIRANE.

Va pour la sérénade...

LORENZO.

Amoureuse !

MIRANE.

Amoureuse !

LORENZO.

Mais c'est bien convenu, princesse,
Par souci de mon embarras,
Et de peur que le charme cesse,
Ecoutez... ne regardez pas !

MIRANE.

J'ai trop peur que le charme cesse,
J'écoute et ne regarde pas !

SÉRÉNADE.

LORENZO, prend une guitare.

I

Veux-tu d'un amour
Comme il n'est plus d'amour au monde ?
Veux-tu d'un amour
Profond comme la mer profonde,
Ardent comme les feux du jour,
Veux-tu cet amour ?
Viens ! qu'à ces feux ton cœur se fonde,
Au charme cédant à son tour,
Viens ! Il n'est de biens en ce monde,
Il n'est que l'amour !

II

Aimons-nous d'amour !
C'est la flamme pure et féconde,
Aimons-nous d'amour,
Sa douceur enivrante inonde

Les cœurs enchaînés sans retour!
Aimons-nous d'amour!
Viens, qu'à ma voix ta voix réponde,
Tu seras reine dans ma cour,
Viens! Il n'est de biens en ce monde,
Il n'est que l'amour!

MIRANE.

Ah! quelle douce voix et troublante en effet!
Je comprends à présent l'éloge qu'on en fait!
Ah! sa voix me pénètre,
Je sens que tout mon être
S'abandonne à l'amour!
A mes sens en alarme,
Je comprends tout son charme,
Oui, je sens qu'à mon tour,
Dans mon âme se presse
Le tourment de l'amour,
Son ivresse!

LORENZO.

Veux-tu de l'amour
Comme il n'en est plus en ce monde?

ENSEMBLE.

MIRANE.

Sa voix me pénètre...
Etc...

LORENZO.

Veux-tu de l'amour,
Etc...

MIRANE, à elle-même.

Ah! la délicieuse voix... Et quel enchantement de l'entendre!...

LORENZO, à part.

Ah! Pourquoi me suis-je trompé si sottement aux intentions de Karamatoff?... Quelque chose me dit que rien n'eût manqué à mon bonheur!

MÉLISSEN, entrant.

Seigneur Babolin... seigneur Babolin!...

4.

LORENZO.

C'est toi ! Tu viens à propos! Reprends ta place.

MÉLISSEN.

Et qu'ai-je à faire maintenant?

LORENZO.

Rien! c'est fini !

Il sort.

MIRANE, à elle-même.

Il n'est pas beau, il a l'air gauche, naïf, emprunté !...
mais qu'importe !... On peut le former... et je le for-
merai !... (Elle passe vivement.) Général !

MÉLISSEN, à part.

Eh bien !... Eh bien ! elle me plante là ?

SCÈNE VII

LES MÊMES, KARAMATOFF.

MIRANE.

Général!

KARAMATOFF.

Je viens prendre les ordres de Votre Altesse.

MIRANE.

C'est bien, écoutez !... Vous avez du goût, vous êtes un
homme de goût.

KARAMATOFF.

Je suis un homme d'armes, princesse, mais je suis un
homme de goût aussi.

MIRANE.

Regardez Lorenzo !

KARAMATOFF.

Je le regarde, Altesse.

MÉLISSEN, à part.

Qu'est-ce qu'ils ont à me dévisager comme ça?

MIRANE.

L'épouseriez-vous?

KARAMATOFF.

Moi? Je ne pourrais pas... mon sexe s'y oppose.

MIRANE.

Vous êtes bête, général...

KARAMATOFF.

Oui, Altesse!

MIRANE.

Mais vous connaissez votre femme?

KARAMAFOTF.

Je crois la connaître.

MIRANE.

Pensez-vous que Lorenzo lui plairait assez...

KARAMATOFF.

Trop!

MIRANE.

Vous dites?

KARAMATOFF.

Je dis trop, Altesse! Car, vous l'avouerai-je...

MIRANE.

Avouez-le!

KARAMATOFF.

J'ai idée que ce chanteur a fourragé dans les plates-bandes de mon blason!

MIRANE.

Allons donc!

KARAMATOFF.

Parfaitement! Et déduisons, Altesse...

MIRANE.

Je n'ai pas le temps.

KARAMATOFF.

Ça sera donc pour un autre jour!... Est-ce tout?

MIRANE.

Non! Vous m'êtes dévoué?

KARAMATOFF.

Comme à moi-même!

MIRANE.

Eh bien!...

Elle lui parle à l'oreille.

MÉLISSEN, à part.

Je pose... La princesse me fait poser...

KARAMATOFF, avec des intonations différentes.

Oh! oh! oh!

MIRANE.

Est-ce compris? N'insistez pas! Plus vous me donnerez de bonnes raisons, plus je n'en ferai qu'à ma tête!... J'ordonne...

KARAMATOFF.

Et je me courbe!

MIRANE.

Préparez-le seulement à tant de bonheur!

Elle sort.

KARAMATOFF.

Préparons-le!

SCÉNE VIII

MÉLISSEN, KARAMATOFF.

MÉLISSEN.

La princesse ne s'occupe plus de moi?... Si c'est comme ça, je vais retrouver ma petite femme...

KARAMATOFF.

Arrêtez !....

MÉLISSEN.

M'arrêter? Pourquoi? Je n'ai fait de mal à personne.

KARAMATOFF.

Au contraire, hein?

MÉLISSEN.

Je ne comprends pas!...

KARAMATOFF.

Non?... Faites donc le discret, heureux vainqueur!

MÉLISSEN.

Vainqueur de quoi?

KARAMATOFF.

On ne vous demande pas ce qui s'est passé sous la tente...

MÉLISSEN.

Sous la tente?

KARAMATOFF.

Oui! séducteur de grandes dames!

MÉLISSEN.

Dites donc, vous voulez m'intriguer?... Ça n'est pas le moment... Je suis marié depuis hier matin et jusqu'à présent, pas ça, général, pas ça!

KARAMATOFF.

C'est vrai qu'il est marié! Je n'y pensais plus! Et la princesse qui compte dans une heure...

MÉLISSEN.

Qu'est-ce qu'elle compte dans une heure, la princesse?

KARAMATOFF.

Au fait, je m'étais chargé de vous préparer...

MÉLISSEN.

A quoi?

KARAMATOFF.

A votre bonheur!

MÉLISSEN.

Quel bonheur?

KARAMATOFF.

La princesse ne vous a rien laissé entrevoir?

MÉLISSEN.

Rien, absolument! Mais vous, qui la connaissez depuis plus longtemps que moi, dites-moi ce qu'elle me veut, à la fin des fins?

KARAMATOFF.

Ce qu'elle te veut?...

MÉLISSEN.

Oui...

KARAMATOFF, à part.

Mettons-nous à la portée de cette intelligence abrupte, soyons simple!... (Haut.) Connais-tu la trigonométrie?...

MÉLISSEN.

Je la connais peut-être, mais je ne l'ai jamais vue.

KARAMATOFF.

Je vais te faire faire sa connaissance, écoute-moi ça...

COUPLETS.

I

C'est une formule algébrique,
Dont voici l'explication :
Ça vient du système métrique,
Par une double équation ;
Soit A notre douce princesse,
B le chanteur qu'elle a gobé,
C l'amour et D la jeunesse,
C D prime égale A plus B !
Car l' carré de l'hypoténuse
Egale, si je ne m'abuse,
    La somme des carrés
    Des deux autres côtés !

II

Tout est mystère en la nature,
Et celui-là serait malin,
Qui trouverait la quadrature
Du cercle et du cœur féminin!
Chaque caprice est un problème
A notre entendement fermé :
. La femme est le grand X... L, M,
Pardonnons-lui... L, A, M, E!
Car l' carré de l'hypoténuse...
Etc...

As-tu compris?

MÉLISSEN.

Parfaitement! J'ai compris : P. L. M!... mais il y a une petite difficulté...

KARAMATOFF.

Ta femme? Eh bien! et le divorce...

MÉLISSEN.

C'est vrai qu'on peut divorcer! Parce que de résister à la princesse, ça ne serait pas à faire.

KARAMATOFF.

Non.

MÉLISSEN.

Du reste, vous savez, je peux remettre Elvérine dans la circulation! Elle est pure.

KARAMATOFF.

Oh!

MÉLISSEN.

Comme l'agneau qui vient d'éclore! je lui donnerai un certificat... Et vous aussi, général, vous certifierez que vous êtes arrivé, avec de la troupe, au moment précis où... Parce que vous pouvez le dire, Hypoténuse, que vous êtes arrivé au vrai moment!

KARAMATOFF, avec amertume.

Et ça fait deux fois que j'arrive au vrai moment, hein?...

MÉLISSEN.

Comment, deux fois?

KARAMATOFF.

Oui! Hier, chez votre femme, avant-hier chez la
mienne...

MÉLISSEN.

Ça, chez votre femme, je ne peux pas dire... je n'y étais
pas!

KARAMATOFF.

Allons donc! (Mélissen recule.) Mais ne craignez rien... au
moins encore... La princesse vous aime... Je ne détériore-
rai pas le mari de ma souveraine !

MÉLISSEN.

Son mari? Son mari?... Ça serait pour le bon motif ?

KARAMATOFF.

Assurément!

MÉLISSEN, à part.

Oh! Babolin! Babolin! Moi, prince régnant!... (Haut.) Où
est l'autel, général, où est l'autel?

KARAMATOFF.

On le pare... Allez vous parer aussi!... Holà, messieurs!
(Paraissent quatre officiers.) Allez parer monsieur!

MÉLISSEN.

Venez me parer. (Rencontrant Lorenzo qui rentre.) Ah! vous
voilà, vous!... Ah! si on brûlait des cierges pour le diable,
e vous devrais une fameuse chandelle... Merci, merci,
merci!... (Il sort avec les officiers.) Venez, messieurs, venez.

SCÈNE IX

KARAMATOFF, LORENZO, puis ELVÉRINE.

KARAMATOFF.

Toi, je te repincerai !

LORENZO.

Mélissen rayonne! Qu'est-il donc arrivé?

KARAMATOFF.

Ton maître ne t'a pas dit?... Il épouse la princesse!

LORENZO.

Ah! bah!

KARAMATOFF.

Elle est folle de lui! Oh! ces misérables baladins, toutes les femmes en sont folles! Elle l'épouse...

LORENZO.

C'est impossible!

KARAMATOFF.

Ce sera pourtant...

LORENZO.

Quoi?... Vous n'empêcherez pas?...

KARAMATOFF.

Est-ce que je peux? je n'ai qu'un espoir... Ma souveraine est très capricieuse .. qu'elle se lasse un jour de son chanteur, et...

LORENZO.

Il sera trop tard!

KARAMATOFF.

Pas pour ma vengeance! Et déduisons, Bob!

LORENZO.

Je n'ai pas le temps, général.

KARAMATOFF.

Ce sera donc pour un autre jour...

ELVÉRINE, entrant.

Ah! mais non! Ah! mais non! Ça ne se passera pas comme ça!

LORENZO.

Allons! bon! Elvérine maintenant!

5

ELVÉRINE.

Rendez-moi mon mari! Je veux mon mari!

KARAMATOFF.

Plus bas, malheureuse!...

LORENZO.

Oui, plus bas!... Si vous saviez...

ELVÉRINE.

Je sais tout! La princesse en raffole!

LORENZO.

Et elle veut l'épouser.

KARAMATOFF.

Eh bien!

ELVÉRINE.

Eh bien! je ne donne pas mon consentement! Peu ou beaucoup, je suis sa femme.

KARAMATOFF.

Peu... si je l'en crois!

ELVÉRINE.

Assez pour me mettre en travers, toujours!

KARAMATOFF.

Singulière petite femme!... Mais qu'est-ce que vous avez donc toutes à vous l'arracher comme ça? Il n'est pas beau!...

ELVÉRINE.

Non!

LORENZO.

Non!

KARAMATOFF.

Il n'est pas spirituel!

ELVÉRINE.

Non!

LORENZO.

Non!

KARAMATOFF.

Il n'est pas distingué!

ELVÉRINE.

Non'

LORENZO.

Non!

KARAMATOFF.

Eh bien! alors?.

ELVÉRINE.

Eh bien! Mais, général, c'est mon mari, je l'ai... je l'aime... et je le garde!

KARAMATOFF.

Elle est enragée, ma parole d'honneur...

ELVÉRINE.

I

Demandez-moi pourquoi je l'aime tant,
Je ne me puis l'expliquer à moi-même!
Il est volage, orgueilleux, inconstant,
Et malgré tout je sens là que je l'aime !
    Qu'importe si j'ai tort,
    L'amour est le plus fort!
Mes pleurs vous montrent comme
    J'aime mon petit homme,
    Laissez-moi mon homme,
Hors mon chagrin n'écoutez rien!
    Je l'aime et puis en somme,
    Il m'appartient, il est mon bien !
    Laissez-moi mon homme,
    Mon cher petit homme,
    Laissez-moi mon petit homme !

KARAMATOFF, parlé sur la ritournelle.

Mais si la princesse l'exige, ton patriotisme te fait un devoir de lui céder ton mari!

ELVÉRINE.

II .

Je l'aime, hélas ! et mon chagrin profond
De mon amour ne saurait me défendre !
En vain mon cœur gémit de tant d'affront,
Je l'ai donné, je ne puis le reprendre !
          Qu'importe si j'ai tort...
               ... Etc...

KARAMATOFF.

Voilà une singulière petite femme à laquelle je ne ferai
jamais entendre raison.

LORENZO.

Non ! Mais fiez-vous en à moi ! je m'en charge.

KARAMATOFF.

A la bonne heure !... Parce que moi, les ordres de la
princesse... l'autel à décorer... ma vengeance à mitonner... Car tu sais, ton maître, c'est le favori de la princesse
aujourd'hui... mais mon tour viendra !... Et alors, crac !
j'en fais mon affaire !

Il sort.

SCÈNE X

ELVÉRINE, LORENZO, puis BAGATELLA.

LORENZO.

La perspective n'a rien d'engageant ! Mais parons au
plus pressé !... Il faut empêcher ce mariage !

ELVÉRINE.

N'est-ce pas ? A tout prix !

LORENZO.

A tout prix !... Mais comment ?... La comtesse Karamatoff m'avait promis de venir me rejoindre ici ! Elle enfin !... Eh bien ?

BAGATELLA, entrant.

Je quitte la princesse! Tout ce que je lui ai dit pour la
dissuader n'a fait que confirmer sa résolution !

LORENZO.

Alors, il ne nous reste qu'une ressource : lui tout avouer!

BAGATELLA.

Vraiment!... Et quelle explication lui donnerons-nous?

LORENZO.

La vraie !... Nous dirons toute la vérité!

BAGATELLA.

Ah! ah! Croyez-vous que mon mari s'en accommode?

LORENZO.

Diable!... Le comte!... On ne pourrait pas lui dire?...

BAGATELLA.

Qu'il s'est trompé?

ELVÉRINE.

Ça peut arriver à tout le monde!

BAGATELLA.

Oui! mais mon mari... un diplomate général!... Vous
ne connaissez donc pas sa devise?

LORENZO.

Sa devise?

TERZETTO

LORENZO.

Sa devise ?

BAGATELLA.

Elle est précise,
Et c'est trois mots
Qu'il crie à tout propos :
Garde à vôs!
Garde à vôs!
Ce surprenant héros

Répète à tout propos
Ces trois mots :
Garde à vôs !

LORENZO.

Garde à vôs ! La devise est fière
Et vraiment digne d'un héros,
Mais quand les hasards de la guerre
Laissent les sabres aux fourreaux,
Alors qu'en paix on négocie,
Et si, sur des points délicats,
Il faut de la diplomatie?...

BAGATELLA.

Sa devise ne change pas !

REFRAIN

Garde à vôs !
Etc.

REPRISE ENSEMBLE

Garde à vôs !
Etc.

ÉLVÉRINE.

Garde à vôs ! Mais quand la nuit close
Ramène des instants plus doux,
En tête-à-tête, je suppose
Que ce cri cesse auprès de vous?

BAGATELLA.

Non certes, l'ardeur qui l'enflamme
Ne rêve que gloire et combats,
Et même à côté de sa femme,
Sa devise ne change pas !
Garde à vôs !

REFRAIN

Garde à vôs !
Ce surprenant héros
Répète à tout propos
Ces trois mots:
Garde à vôs !

REPRISE ENSEMBLE

Garde à vôs!
Etc.

LORENZO.

Il faut sortir de cette impasse pourtant!

BAGATELLA.

Oui! car ce que j'y vois de plus clair, c'est que vous courez risque d'être pendu.

LORENZO.

Moi?

BAGATELLA.

La princesse est très bonne, mais un peu vive, et dans le premier éclat de sa colère, vous, mon mari, Mélissen...

ELVÉRINE.

Mélissen aussi?

LORENZO.

Brelan de potences alors! C'est trop d'une... Ah! j'ai trouvé!

BAGATELLA.

Et peut-on savoir?

LORENZO.

Certes! puisque c'est vous qui nous sauverez tous.

ELVÉRINE.

Comment?

LORENZO.

C'est la voix du chanteur qui a fait le charme, c'est sa voix qui le rompra. Devant la princesse, devant la cour, avant le mariage, demandez à Mélissen de chanter...

BAGATELLA.

Vous avez raison!

ELVÉRINE.

Il chantera!

LORENZO.

Croyez-vous ?... Nous allons bien voir !

SCÈNE XI

LES MÊMES, MIRANE, avec SES FEMMES, puis MÉLISSEN,
en habit de cour, avec LES SEIGNEURS.

FINALE.

CHŒUR DES FEMMES.

Sonnez, sonnez pour cet heureux hymen,
Saintes cloches de la chapelle !
Mirane, aussi tendre que belle,
Au grand chanteur donne sa main !

MIRANE, à Bagatella.

Je l'épouse, tu vois, j'y suis déterminée !

BAGATELLA.

Pour cet hyménée,
Ivre d'espoir et de bonheur saisi,
Voici venir l'époux que vous avez choisi !

REPRISE DU CHŒUR.

Sonnez, sonnez, pour cet heureux hymen,
Etc.

MÉLISSEN, entrant.

Je me laisse faire ainsi qu'un pantin !
Sans défaillance,
J'ai confiance
En Babolin !

MIRANE.

Venez, l'autel est prêt, où l'amour nous appelle !
Votre main !

ELVÉRINE.

Ah ! mais !

MÉLISSEN.

La voici.

Merci, Babolin, Babolin, merci !

BAGATELLA.

Avant d'aller à la chapelle,
Votre Altesse veut-elle
Prier Lorenzo de chanter !
Toute la cour prendrait plaisir à l'écouter !

MIRANE.

Oui, tu dis bien ! sa voix doublera mon courage !
Vous plaît-il nous chanter...

BAGATELLA.

Une ariette, un rien ?

MÉLISSEN.

Très bien ! très bien !

Hom ! hum ! rien !

MIRANE.

Rien !

TOUS.

Rien !

MÉLISSEN.

Mais qu'ai-je fait de ma voix ?

MIRANE.

C'est, je gage,
Cette timidité qui vous prend quelquefois ?

MÉLISSEN.

Justement, princesse,
Et tenez mon cœur fait tic tac !

MIRANE.

Tic, tac !

BAGATELLA.

Tic tac, tic tac !

5.

ELVÉRINE.

Tic tac, tic tac!

MIRANE.

Que de le regarder nul n'ait la hardiesse!

MÉLISSEN.

A moi, Babolin!

Il s'appuie contre Lorenzo qui fait un couac.

TOUS.

Il a fait un couac!

MIRANE.

Un couac!

ELVÉRINE.

Un couac!

BAGATELLA.

Un couac!

MÉLISSEN.

Un couac!

ENSEMBLE.

MIRANE.	LORENZO.
Quel est ce mystère?	Croyez-vous l'affaire
D'où vient le mic-mac?	Assez dans le sac?
O surprise amère!	Il va lui déplaire,
Il a fait un couac!	Il a fait un couac!

TOUS LES AUTRES.

Quel est ce mystère? Voilà le mystère!
Quel est ce mic-mac? Voilà le mic-mac!
Il va lui déplaire,
Il a fait un couac!

KARAMATOFF, entrant.

L'autel est préparé pour la cérémonie.

MIRANE.

Arrêtez! De cette aphonie,
Nous attendrons la guérison!

MÉLISSEN.

Mais...

ELVÉRINE.

Mais Son Altesse a raison,
On attendra ta guérison!
Hélas! tu perds ton charme en perdant ton organe!
Ta pauvre voix s'épuise en efforts superflus!
Et que ferait vraiment la princesse Mirane
D'un chanteur qui ne chante plus?

ENSEMBLE.

MIRANE et BAGATELLA.

Hélas! il perd son charme en perdant son organe,
Sa belle voix s'épuise en efforts superflus,
Et que ferait alors la princesse Mirane
D'un chanteur qui ne chante plus?

KARAMATOFF et LORENZO.

Hélas! il perd son charme en perdant son organe,
Sa belle voix s'épuise en efforts superflus,
Et que ferait vraiment la princesse Mirane
D'un chanteur qui ne chante plus?

MÉLISSEN.

O mon bel organe,
Par où je lui plus!

MIRANE.

Que ferais-tu, princesse Mirane,
D'un chanteur qui ne chante plus?
Faut-il que devant tout ce monde,
Je vienne vous dire à mon tour
Votre chanson : « Veux-tu de l'amour,
» Profond comme la mer profonde?...
La, la, la...

MÉLISSEN, répète naïvement.

La la la la.

MIRANE.

Il ne chante plus!

REPRISE DE L'ENSEMBLE.

Hélas ! il perd son charme en perdant son organe,
Sa belle voix s'épuise en efforts superflus,
Et que ferait vraiment la princesse Mirane
    D'un chanteur qui ne chante plus ?

Rideau.

ACTE TROISIÈME

Un pavillon du palais avec terrasse au fond. — A gauche et à droite, portes latérales. — A droite, la porte de l'appartement de Mélissen.

———

SCÈNE PREMIÈRE

DES GARDES et DES OFFICIERS, gardant la porte de Mélissen, puis LES JEUNES OFFICIERS DE SERVICE, puis KAMARATOFF.

CHŒUR et COUPLETS

CHŒUR.

Sur cette tour où le malade gîte,
Veillons, veillons, l'œil au guet, l'arme au bras,
Puisqu'il faut à sa laryngite
Des médecins et des soldats !

LES OFFICIERS, *sortant de chez Mélissen. Ils ont sur leurs cuirasses des tabliers d'infirmiers.*

La consigne est sévè. e,
Nous devons empêcher,
Fût-ce ses père et mère,
Quiconque d'approcher !
Exiger qu'il observe
Un repos absolu,
Et de plus qu'on lui serve

Du sirop de toin !
Si sa voix n'est meilleure,
De quart d'heure en quart d'heure,
Le docteur ordonna,
De peur de pleurésie,
Six gros de magnésie,
Et d'ipécacuanha !

PREMIER OFFICIER.

En cas qu'il ait de l'asthme,
Un large cataplasme,
Un loch émollient...

DEUXIÈME OFFICIER.

Et pour plus de prudence,
Crainte de fièvre intense,
Un bain de pied bouillant !

LE CHŒUR DES OFFICIERS.

Grâce à cette ordonnance,
Nous avons l'espérance
Que sa voix reviendra,
Et d'une ou d'autre sorte,
Si le mal ne l'emporte,
Il en échappera !

PREMIER OFFICIER.

Mais chut ! voici le général ! Peut-être va-t-il nous donner des nouvelles ?

DEUXIÈME OFFICIER.

Eh bien ! général, comment va le malade ?

KARAMATOFF.

Heuh ! heuh !... Les uns disent couçi, les autres disent couça, ça fait qu'il va couçi couça !

PREMIER OFFICIER.

Mais enfin, sait-on bien ce qu'il a ?

KARAMATOFF.

Ce qu'il a ?

COUPLETS.

I

Il a dans le larynx une corde vocale,

Sur laquelle il paraît qu'un cheveu se posa !
Ce cheveu parasite, obstruant l'amygdale,
Produit un sifflement pareil au coryza !
Et le larynx étant sphéroïde et concave,
Voile de son réseau le tube aérien !...
      Est-ce grave ? n'est-ce pas grave?
      Les médecins n'en savent rien !

          II

Est-ce un poil de la barbe, un cheveu de la nuque?
Selon la Faculté, le fait importe peu,
Mais le danger serait que toute une perruque
Poussât spontanément autour de ce cheveu;
Et que, de quinte en quinte et d'octave en octave,
Le larynx enflammât le pharynx mitoyen!
      Est-ce grave? n'est-ce pas grave?
      Les médecins n'en savent rien.

REPRISE DU CHŒUR.

KARAMATOFF.]

A quoi tiennent cependant les destinées des peuples? à
un cheveu! Mais n'oublions pas nos dernières instructions:
veiller sur le malade en silence... et à trente pas de sa
chambre... Vous compterez trente pas, en sortant d'ici!
Garde à vos! demi-tour droite, marche!

Sort le chœur, au pas et comptant jusqu'à 30.

SCÈNE II

KARAMATOFF, puis ELVÉRINE.

KARAMATOFF.

Les voilà partis! Et en voilà pour vingt-quatre heures!
vous ne les reverrez que demain soir!... Seul! enfin!... Je
puis mitonner ma vengeance! Le voilà donc le séducteur,
qui détourna Bagatella du sentier de la vertu!... le voilà...
sérieusement enroué!... C'est le châtiment qui commence!..
Il a trois médecins auprès de lui!... Trois médecins!... Pa-

tience, ma bonne épée! la faculté travaille à venger notre honneur.

PREMIER OFFICIER, retenant Elvérine qui veut entrer.

On ne passe pas! C'est la consigne!

ELVÉRINE, à la cantonade.

Ah! bien oui! la consigne!... Je m'en moque un peu de la consigne!

KARAMATOFF.

Qu'est-ce que c'est?

ELVÉRINE.

C'est moi, général! c'est moi qui veux voir mon mari.

KARAMATOFF.

Pourquoi faire?

ELVÉRINE.

Tiens! vous êtes curieux!

KARAMATOFF.

Eh bien! précisément, ça lui est défendu! ça lui est expressément défendu!

ELVÉRINE.

Défendu? défendu de recevoir sa petite femme?

KARAMATOFF.

Sa petite femme, surtout! Il a besoin de repos.

ELVÉRINE.

Et de soins!

KARAMATOFF.

Ça n'est pas les soins qui lui manquent. Trois médecins veillent à son chevet, dont un nommé Lovinski. un nommé Fauvelskoff et un homœopathe! Vous avez la faculté d'en amener un quatrième... si vous trouvez que ce n'est pas assez!

ELVÉRINE.

Mais je trouve que c'est trop, au contraire! J'y suffirais bien, moi!

KARAMATOFF.

Elle est enragée, ma parole d'honneur!... elle est enragée!

ELVÉRINE.

Dame! écoutez donc! je ne me suis pas mariée pour vivre seule!

KARAMATOFF.

Qui est-ce qui vous parle de vivre seule, mon enfant? Et si votre mari vous manque, d'une façon ou d'une autre, n'avez-vous pas sous la main un général... un général en activité... qui ne serait pas fâché de vous consoler en se vengeant... et de se venger en vous consolant?

ELVÉRINE.

Venger?... consoler?... Je ne comprends pas.

KARAMATOFF.

C'est clair cependant! et ce serait la suite de son châtiment!... La peine du talion!... Il a chassé sur mes terres, je chasse sur les siennes... car tu l'ignores, naïve enfant, mais c'est une des causes de son extinction de voix!... Ton mari est un coureur.

ELVÉRINE.

Un coureur?

KARAMATOFF.

Toutes les femmes sont à lui! Hier la comtesse!... Aujourd'hui la princesse... demain...

ELVÉRINE.

Eh bien! et moi?

KARAMATOFF.

Oh! toi!

ELVÉRINE.

Comment?... Oh! moi!... Si vous l'aviez vu, le soir de nos noces, si tendre, si pressant, si amoureux?...

KARAMATOFF.

Amoureux?

ELVÉRINE.

Dame! il n'y avait peut-être pas de quoi?

KARAMATOFF.

L'hypocrite scélérat qui disait : pas ça !

ELVÉRINE.

Pas ça?... Qu'est-ce qu'il lui faut donc?

DUETTO.

I

ELVÉRINE.

D'abord il me prend par la taille...

KARAMATOFF.

Comme cela !

ELVÉRINE.

Et près de lui mon cœur tressaille...

KARAMATOFF.

Comme cela !

ELVÉRINE.

Puis prenant ma main dans la sienne...

KARAMATOFF.

Comme cela !

ELVÉRINE.

C'est heureux que je m'en souvienne,
Il me dit...

KARAMATOFF.

Que dit-il?

ELVÉRINE.

Oui-dà!
On ne dit pas ces choses-là !

KARAMATOFF.

Pourquoi ça?

ELVÉRINE.

Pour ça !

II

ELVÉRINE.

Pourtant me voyant tout émue...

KARAMATOFF.

Comme cela!

ELVÉRINE.

A me calmer il s'évertue...

KARAMATOFF.

Comme cela!

ELVÉRINE.

Et sans me laisser me défendre...

KARAMATOFF.

Comme cela!

ELVÉRINE.

Me prenant un baiser plus tendre,
Il me dit...

KARAMATOFF.

Que dit-il?

ELVÉRINE.

Oui-dà!
On ne dit pas ces choses-là!

KARDMATOFF.

Pourquoi ça?

ELVÉRINE.

Pour ça!

SCÈNE III

LES MÊMES, BAGATELLA.

BAGATELLA, entrant.

Eh bien! ne vous gênez pas!

KARAMATOFF.

Ciel! ma femme!

BAGATELLA.

Qu'est-ce que c'est que cette attitude équivoque dans laquelle je vous surprends?

ELVÉRINE.

Je vais vous dire, madame! on ne veut pas me laisser voir mon mari!...

BAGATELLA.

Très bien! Et vous vous dédommagez sur le mien?

ELVÉRINE.

Ah! bien non! merci! Je ne voudrais froisser personne, mais à tant faire que de fauter...

BAGATELLA.

Attrapez, général!... Et vous, petite, c'est bien. La franchise de vos explications m'a convaincue... mais j'ai un compte à régler avec monsieur... Laissez-nous!

ELVÉRINE.

Je m'éloigne... mais je reviendrai!

Elle sort.

SCÈNE IV

BAGATELLA, KARAMATOFF.

BAGATELLA.

A vous, comte, deux mots!

KARAMATOFF.

Parle! ôte-moi d'un doute!

BAGATELLA.

Pardon! ne m'interrompez pas! Il me paraît que pour

un général de cavalerie, vous vous conduisez comme un simple voltigeur !

KARAMATOFF.

Bagatella ! les apparences m'accablent !

BAGATELLA.

Je vous trouve avec une femme dans les bras...

KARAMATOFF.

La pauvre enfant me racontait...

BAGATELLA.

Et une femme mariée encore !

KARAMATOFF.

... Comment son mari, le soir de ses noces...

BAGATELLA.

Ah ! glissez, général, glissez ! mais craignez que votre légèreté ne justifie désormais...

KARAMATOFF.

Désormais ?... désormais me plaît ! désormais me charme ! Et qui de nous commença, je vous prie ? Qui de nous reçut, nuitamment, dans son appartement, un amant entreprenant...

BAGATELLA.

Un amant, vraiment ?

KARAMATOFF, sévèrement.

Son nom, comtesse ?

BAGATELLA.

Pourquoi faire ?

KARAMATOFF.

Pour lui couper les oreilles !

BAGATELLA.

Comme c'est engageant !... Mais si j'aimais cet homme, les tortures les plus raffinées ne m'arracheraient pas son nom !

KARAMATOFF.

Si tu l'aimais?... Tu ne l'aimes donc pas?

BAGATELLA.

Non, je ne l'aime pas... Et je vais vous dire une chose qui paraît invraisemblable. Je n'aime que vous, Totoff! (Karamatoff éternue bruyamment.) Je ne peux pas m'y faire!

KARAMATOFF.

Ni moi, non plus!... Vous n'aimez que moi?... Pour que je vous crusse, madame, il faudrait que vous m'expliquassiez ce que cet homme était venu faire chez vous, le jour où je l'ai vu, la nuit, sauter par votre fenêtre?

BAGATELLA.

Cela, mon ami, je vous l'expliquerai...

KARAMATOFF.

Quand?

BAGATELLA.

Quand vous aurez reconnu loyalement que je suis incapable de vous tromper... encore.

KARAMATOFF.

Encore!

BAGATELLA.

Dame! Si vous continuez à me donner le mauvais exemple, peut-être qu'à mon tour... mais quant à vous dire quel sera l'heureux mortel...

KARAMATOFF.

Dis!... oh! dis!

BAGATELLA.

Pour lui couper les oreilles, n'est-ce pas?

KARAMATOFF.

Pour lui couper... rien du tout!... Mais pour me défier de ses agissements ténébreux!

BAGATELLA.

Je puis au moins vous mettre sur la voie!

KARAMATOFF.

Voyons !

COUPLETS.

BACATELLA.

I

Sur le fait de mon amoureux,
Puisqu'il faut que je vous réponde,
Sa chevelure est brune... ou blonde,
Et ses yeux sont noirs .. sinon bleus !
Il est grand, sa taille est bien prise,
Je ne sais quoi m'en avertit;
Mais je ne serais pas surprise
Qu'au contraire il fût tout petit!

KARAMATOFF.

C'est?

BACATELLA.

C'est... c'est l'inconnu, c'est le mystère,
C'est l'idéal toujours chéri,
C'est le serpent célibataire,
Qui vient toujours à point pour tromper un mari!

II

Peut-être est-il auprès de nous,
Ami perfide comme l'onde?
Il est peut-être au bout du monde,
Chez les Incas ou les Indous?
De haute ou de basse origine,
Je n'en ai même pas soupçon;
Mais ce qu'à bon droit j'imagine,
C'est qu'il sera joli garçon!

KARAMATOFF.

C'est?

BACATELLA.

C'est... c'est l'inconnu, c'est le mystère,
C'est l'idéal toujours chéri...
Etc.

KARAMATOFF.

Ce n'est pas tout ça que je vous demande! Donnez-mo
seulement son nom... son numéro matricule!

BAGATELLA.

Demandez à la princesse Mirane!

KARAMATOFF.

Notre capricieuse souveraine!... Nous reprendrons cet entretien!... Princesse, j'ai l'honneur de vous saluer.

Il salue Mirane qui entre et sort.

SCÈNE V

BAGATELLA, MIRANE, puis LORENZO.

BAGATELLA.

Qu'a donc Son Altesse?...

MIRANE.

Avoue, Bagatella, qu'une implacable fatalité me pour-suit! Il n'y a qu'un instant, je me trouvais heureuse! La musique produit de ces enchantements.

BAGATELLA.

Comment donc, Altesse!... Tout le monde sait que le roi Saül se trouva merveilleusement d'une cure de harpe!

LORENZO, entrant, à part.

La princesse et Bagatella, écoutons...

MIRANE.

La voix de Lorenzo avait un charme si pénétrant qu'on oubliait tout à l'écouter!

BAGATELLA.

Il n'avait que ça : le charme de sa voix.

MIRANE.

Il l'a perdue!

BAGATELLA.

Hélas! oui!

MIRANE.

Mais tu l'as entendu au théâtre!

BAGATELLA.

A l'Opéra!

MIRANE.

Eh bien! je suis sûre qu'il ne chantait pas, ce soir-là,
comme il a chanté pour moi! avec cette chaleur, cette
âme, cette émotion!

LORENZO, à part.

Merci, Altesse, merci pour le chanteur.

MIRANE.

Oh! si tu l'avais entendu, Bagatella!

LORENZO, à part.

Tant pis, je me risque.

TERZETTO.

LORENZO.

Veux-tu de l'amour
Comme il n'est plus d'amour au monde?...

MIRANE.

O surprise, et qu'entends-je?
Je reconnais son chant.
L'aventure est étrange,
C'est sa voix que j'entend!...
Bagatella! quel est cet homme?

BAGATELLA.

De Lorenzo, c'est le valet.

MIRANE.

Sache quel est son sort et comment il se nomme.

BAGATELLA.

Approchez!... Mais voyez, princesse, il est
Tremblant...

MIRANE.

Rassure-toi; je ne suis pas méchante.
Tu chantais?

6

LORENZO.

Juste ciel! Vous m'avez entendu!
Je croyais être seul!... Quand je suis seul, je chante!
Mon maitre cependant me l'avait défendu.

MIRANE.

Lorenzo! mais dis-moi, car déjà tout s'explique,
Comment, à son école, apprends-tu la musique?

LORENZO.

J'écoute mon maitre chanter...

MIRANE et BAGATELLA.

Écoutant son maitre chanter...

LORENZO.

Je m'efforce de l'imiter...

MIRANE et BAGATELLA.

Tu t'efforces de l'imiter...
Il s'efforce de l'imiter...

LORENZO.

A son exemple, je m'inspire,
Et ce qu'il dit, je tâche à le redire!

LORENZO, parlé.

Le maitre : (un *trait*.) Ah! ah! L'élève! (le *même trait.*)
Ah! ah!

MIRANE.

Vraiment, ce n'est pas difficile!
Ne pourrais-je essayer un peu?

LORENZO.

A mes leçons soyez docile,
Ce ne sera pour vous qu'un jeu.
Ah! ah!

MIRANE.

Ah! ah!

BAGATELLA.

Ah! ah! (Parlé.) Tiens, moi je ne peux pas!

ENSEMBLE.

L'excellent système!
Grâce à $\begin{smallmatrix} mes \\ ses \end{smallmatrix}$ leçons,
Vous pourrez vous-
Je pourrai moi- même
$\quad\quad$ vos
Chanter ses chansons.
$\quad\quad$ mes

MIRANE.

Ne te semble-t-il pas, Bagatella, que le hasard fait étrangement les choses?

BAGATELLA.

Le hasard est si fantasque!

MIRANE.

Voilà un valet qui n'est certes pas à sa place.

BAGATELLA.

Certainement, non! Plus je le regarde, Altesse, et plus je songe qu'il devrait être le maître et Lorenzo le laquais!

LORENZO, à part.

Que peuvent-elles se dire tout bas?

MIRANE, à Lorenzo.

Dis-moi, mon ami, es-tu né dans l'humble condition où je te vois?

LORENZO.

Non, Altesse! C'est même par suite de circonstances assez récentes...

BAGATELLA.

C'est quelque fils de famille qui aura eu des malheurs!

LORENZO.

J'ai voulu, comme je vous le disais, étudier la musique à l'école de maître Lorenzo!

MIRANE.

La même école, en effet; la même méthode, le même
timbre!

LORENZO.

Le même timbre, oui!

BAGATELLA.

Avant sa fêlure! Car il est diablement fêlé, le timbre de
ton maître!

MIRANE.

Peu m'importe, maintenant! C'est sa voix que j'aimais...
je l'ai retrouvée!

LORENZO, à part.

Allons! allons! tout s'arrangera sans potence.

MIRANE.

Mais dis... quel est ton nom?

LORENZO.

Lorenzino! comme mon maître!

BAGATELLA.

Un petit Lorenzo, quoi?

MIRANE.

Eh bien! Lorenzino, je t'attacherai à ma personne! Je
te donnerai une charge à ma cour! Mais ton maître...

LORENZO.

Le pauvre diable qui est là-dedans...

MIRANE.

Je voulais le voir... Ce n'est plus la peine!

BAGATELLA.

Ce serait même assez délicat.

MIRANE.

Très délicat!... Va le trouver... et dis-lui, de ma part,
que je suis désolée de la perte de sa voix... mais que je
lui rends sa liberté.

LORENZO.

Bien, Altesse!

MIRANE.

Il peut quitter le château quand il lui plaira.

LORENZO.

Bien, Altesse!

MIRANE.

Et le plus tôt sera le mieux!

LORENZO.

Très bien, Altesse!

MIRANE.

Donne-lui cette bourse et congédie-le!

LORENZO, bas, à Bagatella.

J'ai commencé, madame! Achevez notre confession!

BAGATELLA, bas, à Lorenzo.

Oh! elle est sans danger!

MIRANE.

Viens, Bagatella!... viens, je suis heureuse maintenant!

BAGATELLA.

Enfin!

Elles sortent.

SCÈNE VI

LORENZO, puis MÉLISSEN, puis KARAMATOFF.

LORENZO.

Cette bourse lui adoucira l'amertume du congé... Débarrassons-nous en donc promptement.

MÉLISSEN, paraît aux bras de deux officiers infirmiers et s'assied sur un pliant qu'il avait sous le bras; à la cantonade.

Oui, messieurs les médecins, oui, un peu d'air me fera

6.

plus de bien que toutes vos satanées drogues! (Il congédie les officiers.) Merci, laissez-moi... (Apercevant Lorenzo.) Ah! vous voilà, vous?

LORENZO.

Vous voilà, vous? Eh mais! quel ton prenez-vous avec votre bienfaiteur?

MÉLISSEN.

Mon bienfaiteur? Vous? Ah! ah! ah! Reconnaissez-vous ce rire? Ah! ah! ah! C'est le rire de votre collègue Méphistophélès!... (Il se lève.) Vous, mon bienfaiteur? Dites mon mauvais génie! Monsieur Babolin, vous avez perdu ma confiance! vous vous êtes conduit à mon égard comme un diable de dix-septième catégorie!

LORENZO.

Parce que je t'ai retiré ma protection?

MÉLISSEN.

Pas pour autre chose!

LORENZO.

Es-tu certain de 'n'avoir pas mérité que le diable t'abandonnât?

MÉLISSEN.

Je ne comprends pas?

LORENZO.

Je m'explique!

MÉLISSEN.

Je vous écoute!

COUPLETS.

LORENZO.

1

Je suis un démon familier,
Dont le rôle est particulier,
Et mon seul bonheur, entends-tu,
C'est de protéger la vertu!
Que d'autres, comme Lucifer,

S'occupent à peupler l'enfer,
Moi, qui n'ai rancune ni fiel,
Moi, je travaille pour le ciel !
Chacun son goût, chacun sa tâche,
Aider au bien, c'est mon emploi !
Sage et constant, compte sur moi,
Mais ne trébuche pas ou Babolin se fâche !

II

Or, fais ton examen et vois
Combien de péchés à la fois,
De luxure, de vanité,
D'envie et d'infidélité.
Vois que de fautes en un jour,
De trahisons envers l'amour,
Si bien que tu courais, mon cher,
Grand risque d'aller en enfer !
Chacun son goût, chacun sa tâche...

Etc.

MÉLISSEN.

J'ai compris ! Et je ne suis plus malade !... Cette fois, j'ai compris !... Vous êtes mon diable gardien.

LORENZO.

C'est cela même !

MÉLISSEN.

Mais si je me repens, si je reviens à ma chère petite femme, à mon auberge du *Faison d'Or*, à mon honnête profession...

LORENZO.

Alors tu recouvres ma protection et, pour commencer, voici une bourse !

MÉLISSEN.

Une bourse !... Oh ! mais vous n'êtes pas un diable, vous êtes un trésorier payeur général.

Il veut l'embrasser.

LORENZO.

Garde ça pour ta femme !

MÉLISSEN.

Où est-elle ?

LORENZO.

Je vais te l'envoyer, et aussi faire lever la consigne qui te retient dans ce palais!... mais j'y songe.

MÉLISSEN.

A quoi?

LORENZO.

J'ai des ennemis à la cour!... des incrédules, qui pourraient ne pas ajouter foi aux récits, cependant véridiques, que tu leur ferais!

MÉLISSEN.

Soyez sans crainte, bouche cousue!

LORENZO.

C'est cela même! Quoi qu'il arrive, quoi qu'on te demande, ne réponds rien.

MÉLISSEN.

C'est plus sûr, je suis muet comme une carpe.

LORENZO.

Bon!

MÉLISSEN.

Une carpe au court bouillon!

KARAMATOFF, entrant.

Son Altesse fait demander monsieur son maître de chapelle!

LORENZO.

Maestro di capella! C'est le premier pas dans la faveur de Mirane! (Sortant.) Motus!

Mélissen fait signe qu'il sera muet et s'asseoit.

SCÈNE VII

MÉLISSEN, KARAMATOFF, puis ELVÉRINE.

KARAMATOFF.

Disgracié! Il est disgracié! (Il fredonne.) Disgracié, disgra-

cié, disgracié, disgracié !... Et c'est moi qui ai reçu mission
de le flanquer à la porte ! Savourons ma mission, sa-
vourons-la !

MÉLISSEN, à part.

Qu'est-ce qu'il rumine à part lui, ce grognard déplai-
sant ?

KARAMATOFF.

Monsieur ! debout ! debout ici !.. (Mélissen s'incline et ne répond
plus que par des gestes en situation.) Monsieur, vous m'accorderez
qu'en diplomate consommé, j'ai déguisé jusqu'à présent
mes sentiments à votre égard ! J'exécutais ponctuellement
les ordres d'une princesse qui badine peut-être avec l'a-
mour, mais qui ne badine pas avec la discipline ! Ne riez
pas, tonnerre de Ramseck.. Ne riez pas ! je suis sérieux !
Je vous ai comblé d'attentions, de soins, de prévenances...
N. i. ni, c'est fini ! la girouette a grincé ! Il m'est permis
de grincer aussi, et je grince ! L'heure de la vengeance a
sonné à l'horloge de la justice. L'entendez-vous qui sonne ?
non ! Dzing ! dzing ! dzing ! dzing ! dzing ! cinq heures,
c'est l'absinthe ! Ah ! ah ! ah ! ah ! Insensé, qui crus à la
pérennité des amours princières ! sais-tu ce que je suis
chargé de te dire, jeune présomptueux ? Va-t'en !... arrête !
La princesse te chasse... mais je te retiens, moi ! Son caprice te couvrait de son égide, tu étais un chanteur sacré... tu n'es plus qu'un sacré chanteur !... Et je puis enfin
demander des comptes au favori dégringolé, des comptes
terribles ! Qu'as-tu fait de mon honneur ? (Mélissen fait signe
qu'il ne l'a pas sur lui.) Qu'as-tu fait de mon honneur ? (Mélissen
retourne ses poches.) Cherche !... cherche ! Holà, messieurs !
(Paraît un officier.) Deux épées !... de même longueur autant
que possible !... (L'officier apporte deux épées, une longue, une courte.)
Pourquoi faire ces épées ?... Tu le demandes ? (Mélissen fait
signe qu'il ne demande rien.) Non ? Tu ne tiens pas à le savoir ?
Tu le sauras nonobstant !.. De père en fils, quand un
Karamatoff a été outragé dans son honneur conjugal...
(Mélissen fait signe qu'il ne l'a pas outragé.) Tu ne m'outrageas pas ?
Tu ne m'outrageas pas ? Ah ! ah ! ah ! ah !... Ne nie pas,
tonnerre de Ramseck, ne nie pas, ramasse cette épée et
défends-toi !

Il jette à terre l'épée la plus courte, met le pied dessus et menace Mélissen.

MÉLISSEN.

A l'aide ! au secours ! à l'assassin !

ELVÉRINE, accourant.

Qu'y a-t-il ? Qu'arrive-t-il ?

MÉLISSEN.

Ma femme ! enfin !... Elvérine ! chère Elvérine !

ELVÉRINE.

Doucement, monsieur, doucement!... Et vous, général, que lui voulez-vous encore ?

KARAMATOFF.

Je veux son sang ! tout son sang !

ELVÉRINE.

Vous voulez le tuer ?

KARAMATOFF.

Loyalement, rassurez-vous !

MÉLISSEN.

Loyalement ou pas loyalement, ça ne change rien au résultat !

KARAMATOFF.

J'y compte bien ! Il faut qu'un de nous deux disparaisse !

MÉLISSEN.

Je ne dis pas non ! Allez-vous-en !

KARAMATOFF.

Soit, sortons !

MÉLISSEN.

Sortons !... mais pas ensemble... Ça nous ferait remarquer ! allez devant... je vous suis à quinze pas !

KARAMOTOFF.

Je vous attendrai au bout du parc, monsieur, sous le sixième mélèze à gauche.

MÉLISSEN.

Sous le mélèze... ou sous l'orme... j'y serai !

KARAMATOFF.

Je t'en donnerai des médecins !

Il sort.

SCÈNE VIII

MÉLISSEN, ELVÉRINE.

ELVÉRINE.

Tu vas te battre ?

MÉLISSEN.

Moi ? Oh! Elvérine! Comme tu me connais mal! je l'éloigne... pour gagner du temps... et maintenant, prévenons l'autorité !

ELVÉRINE.

Pourquoi faire ?

MÉLISSEN.

Mais pour empêcher l'effusion de mon sang ! Il y a des gens qui font comme ça... et ça s'appelle la botte du commissaire.

ELVÉRINE.

Et qui vous dit, monsieur, que je veuille empêcher ce duel ?

MÉLISSEN.

Comment? Comment? Tu me laisserais embrocher à l'instar d'un vulgaire volatile ?

ELVÉRINE.

C'est affaire à vous, si vous l'avez mérité.

MÉLISSEN.

Mais je ne l'ai pas mérité du tout!... Je ne lui ai rien

fait à ce porc-épic empanaché ! Il me demande son honneur, je ne l'ai pas son honneur, on peut me fouiller !

Il pleure comiquement.

ELVÉRINE.

Tu auras fait de l'œil à sa femme ?

MÉLISSEN, avec orgueil.

Moi ? J'aurais fait de l'œil à la femme d'un petit général
de rien du tout, quand la princesse régnante...

ELVÉRINE.

La princesse régnante ?

Elle le place.

MÉLISSEN.

Aïe ! Tu ne me laisses pas achever !

ELVÉRINE.

Eh bien ! achève, voyons !

MÉLISSEN.

Quand la princesse régnante, disais-je, n'a pas triomphé
de ma constance.

ELVÉRINE.

Menteur ! Elle n'a pas triomphé ?

MÉLISSEN.

Non !

ELVÉRINE.

Et pourquoi l'épousais-tu ?

MÉLISSEN.

Je l'épousais, je l'épousais, parce que Babolin m'avait
dit de laisser faire !... ça n'aurait pas été plus loin... et
Babolin, au moment critique, aurait pris ma place, comme
il la prend toujours !

ELVÉRINE.

Ta place ?

MÉLISSEN.

Oui, chérie ! oui ! Ainsi, sous la tente, quand la princesse m'a appelé sous la tente...

ELVÉRINE.

Vous y êtes entré, sous sa tente?

MÉLISSEN.

Pas moi, Babolin! Il m'a dit : va-t'-en! je suis parti...
et quand je suis revenu, il m'a dit : c'est fini.

ELVÉRINE.

Quoi?

MÉLISSEN.

Je ne sais pas, tu lui demanderas!... Et tu lui demanderas aussi si je t'aime, si je t'adore, si je te suis fidèle!...

ELVÉRINE.

Il ne vous manquerait plus que d'oublier les serments
que vous me faisiez la nuit dernière!...

MÉLISSEN, abasourdi.

Je te faisais des serments?

ELVÉRINE.

Les plus doux serments, accompagnés des plus douces
caresses!

MÉLISSEN.

Je te faisais des caresses?

ELVÉRINE.

Eh bien! défendez-vous en donc, à présent!

COUPLETS.

I

Ah! quelle audace sans pareille!
Oses-tu nier à tout coup
Ces mots charmants dits à l'oreille,
Et ces baisers pris sur le cou?
Nous étions ainsi sans lumière,
Tous deux tendrement enlacés...
Quelle douce nuit, la première!
Heureux moments trop tôt passés!...
Mais tu restes la bouche close?

7

MÉLISSEN.

Pour cause!

ELVÉRINE.

Et vraiment il ne te souvient ?

MÉLISSEN.

De rien !

II

ELVÉRINE.

Se peut-il que je me méprenne
A des souvenirs si récents?
Fi, monsieur, était-ce la peine
De troubler mon cœur et mes sens?
Car la chose est surnaturelle,
Et les rôles sont renversés,
Si moi seule je me rappelle
D'heureux moments trop tôt passés...
Mais tu restes là bouche close?

MÉLISSEN.

Pour cause!

ELVÉRINE.

Et vraiment il ne te souvient?...

MÉLISSEN.

De rien !

MÉLISSEN, après un temps, pousse un cri.

Ah! j'y suis... tu as rêvé.

ELVÉRINE.

J'ai rêvé?

SCÈNE IX

LES MÊMES, LORENZO, puis MIRANE, KARAMATOFF, BAGATELLA, LA COUR.

LORENZO, entrant, bas à Elvérine.

Oui! chère Elvérine! vous avez rêvé.

ELVÉRINE.

Ah !

KARAMATOFF, *entrant suivi des chœurs.*

Moi aussi, j'ai rêvé sous le mélèze à gauche...

CHŒUR.

Le général est en colère !
Le grand chanteur se désespère !
Mais pourquoi donc tout cet émoi ?
Pourquoi ? Pourquoi ?

LORENZO, *sur la musique de scène.*

De grâce, général, rengaînez votre épée !

MÉLISSEN.

Oui, général, rengaînez ! Parce que j'en ai assez de vos brutalités !... Je ne vous connais pas, moi... je ne connais personne ici ! Et je m'en retourne à mon auberge, avec ma petite femme...

KARAMATOFF.

Son auberge ? Qu'est-ce qu'il chante là ?

MÉLISSEN.

Je ne chante pas, d'abord ; ça n'est pas ma profession ! ma profession est plus modeste ; je suis aubergiste, un simple aubergiste !

KARAMATOFF.

Aubergiste !

MIRANE.

Oui, général, et mes compliments pour votre ambassade !

KARAMATOFF, *voulant ôter ses galons.*

Ah ! Altesse, je reste confondu !...

MIRANE.

Non ! gardez, je vous pardonne !

KARAMATOFF.

Et je me courbe !

MIRANE.

J'ai retrouvé le vrai Babolin !

KARAMATOFF.

Ah! que n'ai-je retrouvé aussi mon homme?

BAGATELLA.

Voulez-vous que je vous dise son nom ?

KARAMATOFF.

Dis ! oh ! dis !

BAGATELLA.

Eh bien ! c'est Babolin !

MIRANE.

Mais rassurez-vous, général, il était venu pour moi.

KARAMATOFF.

Et moi qui te soupçonnais !...

FINALE.

LORENZO.

Adieu ! Rentrez ! ne craignez aucun piège !
Toujours Babolin vous protège !

MÉLISSEN.

Et l'on pourra dire de moi :

ELVÉRINE.

Et l'on pourra dire de toi :
Il a vu Babolin,
Etc.

TOUS.

Il a vu Babolin,
Etc.

FIN

Imprimerie Générale de Châtillon-sur-Seine. A. Pichat.